我
思

敢于运用你的理智

唯识学乃佛学中最精细、最系统的学说。"唯"乃"不离"之意，万法唯识即万法不离意识，其对意识结构及由意识所构造的世界之剖析，可以说是对宇宙和人生给出了最彻底且理性的解释。

唯识学在近现代中国的思想潮流中发挥了重要的作用。近现代的大学者大多重视唯识学，并借助其理论来构建自己的思想体系。如章太炎的得意之作《〈齐物论〉释》，以唯识学的义理来解《齐物论》；熊十力的代表作《新唯识论》，以批判唯识学来建立自己的新儒学。

唯识学与西方的科学、心理学和哲学等最易沟通。面对近代以来的西学大量传入，思想界高举唯识学的旗帜，正是因为唯识学思辨、理性、逻辑、系统的特征可与西学有效对话。而20世纪西方哲学中最有生命力的"现象学"，与唯识学更是达到了理论共鸣。

鉴于唯识学本身的理论透彻性、其在历史上的重大影响及在当代社会中的理论生命力，我们特策划此"唯识学丛书"，相关图书将陆续分批出版。

诸家论唯识

梅愚 编

唯识学丛书

图书在版编目（CIP）数据

诸家论唯识 / 梅愚编．
—武汉：崇文书局，2020.1
（唯识学丛书）
ISBN 978-7-5403-5742-9

Ⅰ．①诸…
Ⅱ．①梅…
Ⅲ．①唯识论－文集
Ⅳ．①B946.3-53

中国版本图书馆CIP数据核字（2019）第216625号

2015年湖北省学术著作出版专项资金资助项目

我思
敢于运用你的理智

诸家论唯识

出　品	崇文书局人文学术出版中心·唯识学小组
策划人	梅文辉（mwh902@163.com）
责任编辑	梅文辉
装帧设计	甘淑媛
出版发行	长江出版传媒　崇文书局
地　址	武汉市雄楚大街268号C座11层
电　话	(027)87680797　邮政编码　430070
印　刷	武汉市金港彩印有限公司
开　本	880mm×1230mm　1/32
印　张	6.75
字　数	151千
版　次	2020年1月第1版
印　次	2020年1月第1次印刷
定　价	78.00元

（读者服务电话：027-87679738）

　　本作品之出版权（含电子版权）、发行权、改编权、翻译权等著作权以及本作品装帧设计的著作权均受我国著作权法及有关国际版权公约保护。任何非经我社许可的仿制、改编、转载、印刷、销售、传播之行为，我社将追究其法律责任。

目 录

相宗络索 /王夫之 ··· 1

《相宗络索》内容提要 /王恩洋 ··································· 2

一、心理的组成因素 ··· 11

 八识(1) ·· 11
 六识五种(18) ·· 12
 八识十证(19) ·· 13
 八识三藏(20) ·· 14
 八识所熏四义(21) ·· 15
 七识能熏四义(22) ·· 16
 六位心所(17) ·· 17
 四分(12) ·· 22

二、心理的生起因缘 ··· 24

 九缘(2) ·· 24
 四缘(3) ·· 25

三、心理的各种功用 ··· 27

三量 (6) 27
　　三境 (5) 28
　　三性 (7) 30
　　五受 (13) 31

四、宇宙万法的整体联系 33
　　五位唯识 (9) 33

五、有情生命的因果相续 35
　　十二支，一日十二因缘 (4) 35
　　三界九地 (14) 36
　　三有身 (15) 38
　　二类生死 (16) 38

六、迷悟差别 40
　　见分三性 (8) 40
　　迷悟二门 (24) 41

七、杂染根本 43
　　二障 (10) 43
　　我法二障各二 (11) 43
　　邪见五种 (23) 44

八、清净转依 46
　　八识转四智次第 (25) 46
　　四加行 (26) 48
　　资粮三位 (27) 48
　　十地 (28) 51

八识转成四智(29)·····················53

唯识今释 /缪凤林·····················55

　一、识义，唯义·····················56

　二、成唯识义·····················60

　三、破我执·····················72

　四、破法执·····················79

　五、种子义·····················85

　六、赖耶持种义·····················96

　七、识变·····················99

阿赖耶识论 /废名·····················111

　序·····················112

　第一章　述作论之故·····················120

　第二章　论妄想·····················124

　第三章　有是事说是事·····················129

　第四章　向世人说唯心·····················134

~ III ~

第五章　致知在格物 ······················· 144

第六章　说理智 ························· 154

第七章　破生的观念 ······················· 159

第八章　种子义 ························· 164

第九章　阿赖耶识 ························ 170

第十章　真如 ·························· 178

其他论著 ····························· 183

申唯识宗义 /章太炎 ······················ 184

佛教心理学浅测 /梁启超 ···················· 190

　　一 ····························· 190
　　二 ····························· 190
　　三 ····························· 191
　　四、色蕴 ·························· 195
　　五、受想行三蕴 ······················ 198
　　六、识蕴 ·························· 202
　　七 ····························· 205

相宗络索

王夫之

《相宗络索》内容提要

王恩洋

印度佛教的大乘学分中观宗和瑜伽宗。瑜伽宗以研核诸法实相（一切事物的本来面目和它的业用因果）为一个重点，因此，中国人把它称为法相宗，简称相宗。

相宗的义理繁富，研究较难。王船山先生作《相宗络索》，意思在包罗贯穿相宗的全部思想，使学者容易了解和摄持。

本书始于八识，终于转八识成四智，共二十九章，着重在对于精神界事物即心理方面的分析研究，大略可以总合为八个部门：第一是心理的组成因素；二是它的生起因缘；三是它的各种功用；四是宇宙万法的整体联系；五是有情生命的因果相续；六是迷悟差别；七是杂染根本；八是清净转依。

第一，心理的组成因素：本书 1.八识、18.六识五种、19.八识十证、20.八识三藏、21.八识所熏四义、22.七识能熏四义和 17.六位心所章，通是讲心理的组成因素的。它以八种识和五十一种心所为一切心理现象的成因和本质。识即认识，认识颜色的为眼识，认识声、香、味、触的为耳、鼻、舌、身识。它们都是以具体的外界的物质现象为对象，统称为五识。另有通以具体和抽象、外界和内界、物质和精神一切现象为对象而进行观察、思维、想象、判决等认识作用的为第六识，即意识。在这六种识外，相宗还建立了比较难于了解的第七末那和第八阿赖耶识。末那为第六意识的根，即意根。它恒审思量，执八识为我，由于它执我，第六识也随之执我。因此，凡有见闻作受都觉是我见、我闻、我作、我受。阿赖耶识义为藏识，具有能藏、所藏、执藏三种藏义。能藏是它能摄藏诸法的种子，所藏是它被前七识熏习。凡人在生活中，一切经历经验，一切行为动作，都将习气储藏在八识中，而且它还要承受六识一切行为所造成的结果，以之继续生起不绝，它算得是诸法的根本，生命的源泉，因此末那便长时把它执藏以为自我。相宗认为它是最重要的识，因而以十种理由来证明它是实有的。心所是附属于识的各种功能，心要靠它来完成一切心理作用，好像依靠受来领受苦乐，依靠想来想象事理，依靠思来造作事业等。离了它们，心便不能完成这些工作，所以称它为心的助伴。自然它们也是不能离心而独起的，因之又称为相应行法。心所的种类甚多，遍行有五，别境有五，善法十一，烦恼有六，随烦恼二十，不定有四，共是六位五十一心所。这样的分析是够细密的。

　　本书12.四分章，更把每一心心所法说为是由四分组成的：一相分，二见分，三自证分，四证自证分。相分是见分直接所缘的境相，见分是对相分的了解，自证分是对见分的内证，证自证分又是内证自证分的。人们对每一事物现象起认识时，不仅觉有彼事，还觉有觉彼事相的觉。如其不然，事过境迁，怎能回忆曾觉彼事呢？所以四分的建立是正确的。又为什么不以外境为见分的直接对象、亲所缘缘，而要立相分为亲缘呢？这有两个理由：一是有许多认识是没有外境的,如抽象的事物,回忆过去,设想未来,同梦想、幻想、疑神、疑鬼等等,都是没有现实的客观外境的,它所见所觉所想所思便都只是内心自起的相分。第二是纵然在客观现实的认识中外境是确然实有的,而且没有它便不能有对它的认识,但是当它进入人们的认识时,并不是它的本身,只是它的影子,它的映象而已。心上所直接认识的不只是对它的反映,即印象,印象便是经过心的加工改造过的相分。如眼识认识呈现的山川草木时,近看大些,远看小些,更远便更小些;左看是一个样,右看是另一个样;既不得其全形,也不得其实体,所得的只是照它的一些样子所起的反映、相分而已。

第二,心理的生起因缘:本书2.九缘、3.四缘,两章是说心理的生起因缘的。缘是依持仗托义。凡物之生都要仗托因缘,如像禾苗生起要靠种子,这是禾苗的内因亲因,佛家称为因缘;还要靠土壤、雨水、肥料、人工等,这是禾苗的外因、助因,佛家称为增上缘。两者是不能缺一的。本书讲的是心理方面的事,所以它立有九缘和四缘。九缘是依《八识规矩颂》说的,它说眼识生要待九缘:一空;二明;三自色根;四分别依,意识;五染净依,末那;六根本依,八识;七自境,色;八作意;九自识种子。耳识八缘,除明;鼻舌身识七缘,再除空。意识五缘,再除色根和自分别依。末那最少,三缘,因它既以八识为所依根,又为所缘境,同为一个,加作意和自种,便只三缘。八识四缘:根,末那;境,身器如一切种子;作意;自种。

四缘是:一因缘,各识自种;二等无间缘,前念心对后念心,有开辟处所,引导生起的一定作用,是此缘义。三所缘缘,即是所认识所了解的境界,或相分,或本质,是对心心所法的生起有决定的作用，同时它又被心心所法所认识、所缘虑，所缘之缘，故名所缘缘。此有二种：一亲所缘缘，即相分；二疏所缘缘，即相分所仗的本质——外境。有疏缘时必有亲缘，但有亲缘时，不定有疏缘，如四分中说。

第三，心理的各种功用：本书 6.三量、5.三境、7.三性、13.五受，各章是讲心理的功用的。心理的功用总有三种：一是对境界发起认识，二是对境界领受苦乐，三是对境界发起所为。

初就认识分析，相宗说有三量：一现量，事理当前，实证亲知，如其本来不起增减的正确知识，如明眼见色，正智缘如，同为现量。二比量，境不现前，不经亲证，根据正确的事理，由推测得来的真知识，如见灯而知有火，见所作而知无常，均为比量。三非量，这是不正确的知识。如风撼绳动，见彼为蛇，沙漠鹿渴，见阳焰入水，为似现量。根据不真，论证不当，所得出的错误见解，名似比量。似现似比，总名非量。

在能认识既分三量，在所认识亦有三境：一性境，客观现实的事理，不随能缘的心而改变，现量所证名为性境。二带质境，一切错觉非无外境，而所见非真，如见绳为蛇，蛇虽妄见，然带彼绳质而生，名带质境。三独影境，回忆过去，其境已灭，设想当来，境犹未生，梦中所见，色相宛然，而皆无实，纯由心起，名独影境。三境与三量是互相联系的。

就领受说，相宗立有五受，谓苦受、乐受、忧受、喜受和舍受。客观事物，逼恼身心，生起苦受；适悦身心，生起乐受。顺违之境虽未现前，知其必会现前，于是愁戚生忧，欣慰生喜。中庸之境对身心无所损恼，也无顺益，便只生起不苦、不乐、不忧、不喜的舍受而已。

就行事说，相宗分为三性：一善，这是由十一种善法生起的，它对自饶益，对他饶益，对少数饶益，对多数也饶益，如果不能两全时，则舍己利他，舍少利多。又对现世饶益，对当来也饶益，如果不能两全时，则舍现世以利当来。这样的言行思想通名善业。二恶，它是与善相违的，由不善的烦恼心所法起，自恼恼他，二性俱损，有时私利自己，而损人损众，或但顾现乐，不计后苦，这些都是恶。三无记，非善非恶，无可记别。如散步游行，吃饭穿衣，是生活所必需的，但不是饶益他人的，即属无记。但若人饥己饥，因而福利众人，那便是善，贪求无厌，损害他人，那便成恶了。无记中又分有覆、无覆两种。根境色法等，无覆无记；末那所起我爱我痴障蔽真实，然不造业，名有覆无记。

认识是心境相接所起的了解，领受是境界加损益于身心时所生起的情感。行为是主观对客观的反应，或拒或取，或改变它的一切工作。认识愈清楚，情感会愈恰当，行动会愈合理。而领受得愈深刻时，对认识也会愈精审，对行为也愈勇决。行为愈是合理，情感也会恰当，认识会彻底。这三种功用是互相影响的。

第四，宇宙万法的整体联系，从心理的组成因素看，知道心和心所是互相联系着的。从心理的生起因缘看，眼等诸根、色等诸境，一切色法与心心所又是互相联系着的。除心心所色法以外还有什么法呢？那只有不相应行和无为法了，但不相应行无独立的自体，只不过是心等诸法的分位差别，无为法又不过是心等诸法的真如实相，也不能离有为法而别有。因此，相宗建立了五位唯识义。所谓一切最胜故（识），与识相应故（心所），二所变现故（色），是三分位故（不相应行），是四实性故（无为），皆不离识，故曰唯识。这即是说宇宙万法在唯识家看来，是在以识为首的体系下整体联系起来的。因为一言心便有与它相应的心所，必有它所依的根和所缘的境，必有它的分位差别，而它的实性真相即是无为，举一识而五位百法齐到，即万法联系为一体了。这是相宗发展到唯识论的思想。本书因此建立了第 9.五位唯识章。

第五，有情生命的因果相续。本书 4.十二有支、14.三界九地、15.三有身、16.二类生死，共四章，是说有情生命因果相续的。十二有支又称十二因缘，即无明缘行，行缘识，识缘名色，名色缘六入，六入缘触，触缘受，受缘爱，爱缘取，取缘有，有缘生，生缘老死。于中无明、爱、取名惑，又称烦恼杂染，行、有名业，又称业杂染。余法名苦，又名生杂染。即是说：由过去生中的无明为缘，发起造作福、非福、不动三业的行。由行为缘摄殖当来生中识及名色、六入、触、受的趣生种子。于命终时及中有身中对未来趣生的境界生起爱取，由爱、取缘资润行、识、名色、六入、触、受的种子使成当有，由有而第二生生，生已究竟由老而死。在第二生中又由无明行等引生当来趣生，如此不绝，因而有情的生命便由因果相续，以至于无穷。也即是由不正确的认识造不合理的诸业，由不合理的诸业招不饶益的痛苦，再起惑、再造业、再招苦，以是相续。在这样的相续中还由惑业的轻重不同，受苦的轻重也不同，因而建立了三界九地、三有身、二类生死。这是佛教大小乘共有的有情生命相续观。

第六，迷悟差别。本书 8.三自性、24.迷悟二门，两章是说迷悟差别的。相宗说一切法有三自性——亦名三自相。一遍计所执性，二依他起性，三圆成实性，此三自性先从依他起性说起，如上所说一切法皆待缘生，无论是俱时的彼此联系，或是异时的因果相续，都表现它不能离开诸缘——四缘、九缘、十二因缘。相宗把这些缘生诸法称之为依他起性。既然是依他起的，所以是无自性、无定性、无主宰、不常住的。它随缘而生，生已即灭，佛法称之为无我性空。这无我性空之理是诸法的真理，其相是诸法的实相，它遍在一切法，常在一切法，因此便就这一真理实相立以为圆成实性，并不是离开依他起性别有圆成实性。即一切依他起性所自具、所本具的无我性空之真理实相，便是圆成实性。在依他起性上不了达其圆成实性而周遍计度有常一主宰的实我，执有不待缘生的实法，或者执无因果、无染无净一切无有的邪见，这一切都是遍计所执性，它是全无客观现实的根据，它是本来没有的。只不过是内心周遍计度以为如此，因而执之为有而已。有情迷悟之分，便依此三种自性而分，于依他起性不了圆成实性而起遍计所执性的便是迷，于依他起性舍遍计所执性，证得圆成实性的便是悟。迷悟二门既依此而立，染净、因果便由此而分。

第七，杂染根本。本书 10.二障，11.我法二执，23.恶见五种，三章是讲杂染根本的。相宗说，由不了知依他起性、圆成实性故，起遍计所执，迷妄由此起，杂染由此生。此遍计所执性虽无量种，略摄于五见，所谓身见、边见、邪见、见取、戒禁取，再总摄为二执，所谓我执、法执。由我执故成烦恼障，障真解脱。由法执故成所知障，障大菩提。由是三种杂染，烦恼杂染、业杂染、生杂染展转引生，三界九地五趣四生，流转不穷。十二因缘既以无明为本，一切杂染还以二执为根，执从见生，障由执起，因此除恶见、舍二执、断二障，又为拔除一切杂染的根本。

第八，清净转依。本书最后八识转四智次第，四加行，资粮三位，十地，八识转成四智，五章是讲清净转依的。相宗唯一的宗旨，在转依，所谓转舍杂染依，转得清净依。清净依即是大般涅槃、大菩提性。涅槃以真如为体，菩提以四智为体。真如，一切有情共有，只须证得。四智唯佛全有，菩萨分有，此从修得。由是转依以四智为主。四智谓大圆镜智、平等性智、妙观察智、成所作智。初后佛果得，二三见道得。见道之后有修道，见道之前有资粮加行道。修道要经过十地，久久完成。恶见尽除，二执尽舍，二障尽断，金刚道后，异熟亦空，由是解脱道中得大圆镜智。后得智中，得成所作智，即转八识而成就四智，名大菩提。虽说舍八识，只是舍去有漏的八识，别有无漏净善的八识和二十种无漏心所（别境五不说慧，即四智故）亦俱转得，又得无漏色身和清净报土，这便是最极无上的大成就。本书以八识转成四智终，是具有卓见的。

  本书的内容要义便如此，船山先生不但提挈纲领，示学人以津梁，他还入理深细，时有发挥。如像在十二有支中，由一期的生死，便悟到刹那的生死。又如在三量中说瑜伽，于三量外立至教量，他说至教量随学人的悟入浅深亦三量摄，是妙符至理，不是死守文句者所能为的。但本书也还有些缺点：第一是由于对名相不熟，如误以六根为六识，误以意识为持业释，末那为依主释，乃至资粮、加行位次颠倒等。在校勘中或已改正，或已指出。又在根本教义方面亦时有错误，如在五位唯识章说："真如流转而成八识，识还灭而即实性，如反覆掌，面背异相，本无异手。"在迷悟二门章说："从真如变赖耶为一变，从赖耶变末那为二变，从末那变前六为三变。"这一类思想是与法相宗谓真如是无为法，它是诸法空性，空非生因，和一切法均从自种生，八识只能受熏、持种而并不能亲生诸法之义不相合的。因之真如既不能转成八识，赖耶也不能变为末那，末那更不能变为前六。法相有严密的规律，船山皆犯之。这是由于明末唐人著作均经丧失，无所依凭。又由于《起信论》思想的渗入，因而有此现象。吾人生在近代，唐人著作自东邻取回，故能分判体系，不迷方轨，是不能强求于先哲的。

  至此书在学说史上的价值那便较为重大了。原因是中国学说往往以儒学为主流，儒学中汉学则训诂考据失于支离，宋明儒者因受佛教禅宗的影响，反求诸己，成立理学，大昌身心性命之说。其说言天命则跳不出阴阳气化天人生息之机，言心性则跳不出仁义礼智人伦实践之事，而对心之所以为心，性之所以为性，生命之所以相续流转和人生实践的最终归宿，终不免于影响模糊，依稀仿佛。船山先生关学巨匠，博学渊思，高行卓识，以实事求是的精神、文理密察的方法，独向相宗探求真理，辅之以高度的想象力和系统的组织力，遂将八识、四缘、三境、三量、三性、五受乃至十二缘起、五位唯识、三种自性，最后乃至转识成智诸种要义裒集以为本书，使治儒学的人对于心理现象、生命现象、认识实践皆扩大其眼界、丰富其内容，这不能不说是在旧学中的一大进展。虽此书在当时并未曾发生大的影响，但吉羽灵光，终是希有可贵的。因之我们治船山学不可不读此书，治中国学说史也不可不治此书。

一、心理的组成因素

八识（1）

前五识：眼，九缘生；耳，八缘生，不择明暗，故不缘明缘；鼻、舌、身三，俱七缘，香、味、触俱合境方取，不缘空缘。

第六意识：即意即识，五缘生。不倚五根，别无浮尘根为其根，不缘根缘；诸境不现前，意亦生起，虽缘于法，而法非实境，不缘境缘。

第七末那识：意之识也，故《成唯识论》亦名此为意识，六识缘此而生。此识虽未思善思恶，而执八识一段灵光之体相为自内我，全遮圆成无垢之全体；由此坚持之力，一切染品皆从此起。故梵云末那，唐云染污，从三缘生。虽当不作意之时，此中耿耿不忘知此我为我，故不缘作意缘；无所分别而识体不灭，故不缘分别缘。

第八阿赖耶识：本等昭昭灵灵可以识知一切者。本是真如之智，因七识执之为自内我，遂于广大无边中现此识量，而受七识之染，生起六识，流注前五。此识从四缘生。若不作意，则此识虽在而若忘；作意乃觉此识之光可以照境，不如七识之执滞不忘，不因作意。

六识五种（18）

一、定中独头意识：谓入定时缘至教量，及心地自发光明，见法中言语道断，细微之机及广大无边境界。二者为实法中极略极迥之色法，与定中所现灵异实境显现在前。此意识不缘前五与五根五尘而孤起，故谓之独头。此识属性境、现量、善性。

二、散位独头意识：从凡夫至二地无寻有伺，于一切善、恶、无记、士用果等境非现前而起，意不缘前五及根尘色法，自规度，自拟议，缘过去卸落影子，作未来实相。此识不与前五和合而孤起，故名独头；行住坐卧时俱有，故名散位。此识当理者属比量、独影境，不当理者属非量，以其恋着过去而生希羡属带质境。三性通摄。

三、明了意识，即同时意识：五识一起，此即奔赴与之和合，于彼根尘色法生取，分别爱取，既依前五现量实境，故得明了。初念属前五，后念即归第六。其如实明了者属性境、现量；增起分别违顺而当理者属比量；带彼前五所知非理恋着者属非量、带质境。此识无独影境。三性皆通。

四、梦中独头意识：梦中前五根隐，识亦不发，但有夙习熏染，遂于幻中现其影似，而起计较、思冤、违顺等想，不缘前五，故名独头。此识全属非量。带醒时根尘以为妄本，属带质境。三性皆有，俱非真实。

五、乱意识：谓大惊大忧大劳大醉及病狂人妄起意计，及一阐提人耽着颠倒，矫诬自性，但求殊异因而生起狂想。此识意亦无主，并不得名为独头，或时亦缘五根而起，不得明了，全属非量、

一、心理的组成因素

带质及恶、无记二性，虽有皆非真实。

八识十证（19）

一名十理，以十理证知八识体相。此护法师以二乘不知八识，证明其于前五外实有非妄。

持种：谓执持一切善染种子，流转还灭皆依持此识，以此识本是如来藏白净识之本体，即可复真归元，故能持菩提涅槃之种，不尔，众生必无成佛之理。乃为七识熏染，受异熟果，成阿赖耶，则顺流注于七六前五，生诸心所，作不净因，结轮回果，故能成十二因缘流转不息之种。

异熟心：异熟有三义：一、变异而熟，谓如贪因得贫果，与因相反。二、异时而熟，过去因作现在果，现在因作未来果。三、异类而熟，谓人中因天中得果，五趣异类通受夙因为果。夙习熏染善恶等因，乃至不相应心所，不于当时当位当类得果，而此识流转趣生为总报主。前七断灭，不复受报，唯此虽异必熟，非但罪福不爽，亦且习气中，于不知不觉之中，成熟而成自然矣。

趣生：一期报尽，前七俱已消灭，唯此八识实有不亡，恒相接续，遍生五趣中，趣意而分段不杂，随其善染，周历五趣。

有受：色身所有浮尘、胜用二根，各各不相执受，五识各依其根，无能统摄，且有间断昏忘，唯八识总合诸有而摄受之。

生死：初生前六，虽有胜用根而未能发识，末那亦隐，不成心所。寿命将终，惟余寿未尽，暖息未散，诸识消灭，唯此八识持寿暖不即散灭。与生俱生，至死不离，唯八识心王而已。

缘：谓十二因缘中识缘名色之识，即此识也。从中有身见一线之光，万里立赴，即时缘附父精母血，结成五蕴，故曰识缘名色。五蕴既结成后有，识即处蕴中，故又曰名色缘识。此中前七俱未发起，故知所言识者即是八识。

依食：谓受生后至命终时，依四种时而生，食为所依。其依之而住者，乃此八识，一类相持，无有间断。若非此识，前五虽能取食，而何所滋养令其恒住？

灭定心：谓二乘入灭尽定，前六王所皆灭，第七染心不起，唯此识不散。其七识一分非染，我障虽未还灭，然亦即是所执第八之相分，非别有体性。乃至无想天入九地真灭尽定，亦有此八识心王，但无心所，除菩萨定中白净识，佛定中大圆镜智，皆是此识为在定之心。

心染净：染净至七识而结，至六识而具。然染之即成染，净之即成净，受染受净之心，八识心王也。所因以成染净者，即用八识心所之五遍行也。七识揽之以为染根，前六藉之以成现行，离八识外别无可染可净之心。盖前七俱无自体，随缘现影，此乃染净真心也。此义直穷染净根本，彻底透露，异于二乘但据前六为染净心，于彼折伏，冀得清净，乃惟识之纲宗，于斯炳矣。（此中误将"生死时心"与"持寿暖识"合而为一，故但有九证。）

八识三藏（20）

阿赖耶，此翻为藏。藏有三义，前一就本识言，后二依他立义，其实一也。能藏义兼王所，所、执二义，专指心王。

能藏：此识体本虚，故能含藏前七无始熏习染所有善恶种子，又能藏现有前七所作善染诸法现行为未来种子。心王既尔，心所亦然，以五遍行中一切心所皆能建立也。此就八识体量功用而言，谓之能藏。

所藏：此就前七依之以藏而言，谓之所藏。前七所有善染心所皆藏于此识之中，为彼所藏，即定为彼所染。如一库藏本无铜铁，而用贮铜铁，为铜铁所藏，则名为铜铁库矣。从彼得名，即受彼染，八识不自还其真空本来之体量，听前七据为所藏，遂无自位，为前七作总报主。

我爱执藏：就末那识坚执为自内我而宝惜不舍者而言，则为执藏。乃至九地四空，此爱不忘，此识不转，直至八地菩萨方能除执，能所无执，则双泯矣。此八识流转生死之祸苗，皆由七识强揽，而其还灭转智，亦在七识解缚，还其无所无能之本体。我恒一摧，藏即舍矣。

八识所熏四义（21）

所熏者，被前七熏成种子，非自有种子也。必拣所熏，非能熏者，见还灭转智，不于此识著丝毫工夫，但绝能熏，自无熏染。

一、**坚住性**：无始以来，真如一分本体为末那所执，受其熏染，成其分段，种子现行展转相因，不离不散，以坚住故，持彼所熏，永不忘失。异生灭法，不能生起，抑不忘灭，故受前七熏，而不能熏前七。

二、**无记性**：谓无覆无记也。既本无善恶，亦无障碍，如清水流于大地，遇沙石则洁，遇泥垢则浊，无必受之熏，亦无不受之熏，力弱志迁，异有胜用，可自作善恶有覆等现行。

三、**可熏性**：此拣心所，专言心王，常住自如，无所发动，熏至则坐受，不待捐己徇他，异有增减，可者因其可而受之，如人善饮啖，能胜酒食，不伤醉饱。发为心王，即有所注向，不遍可熏矣。

四、与能熏和合：谓八识缘名色而生前七见相二分，和合成一人，分段自然，如父依子，从其安养，全付家业，任彼营为，受其安危，异他人识与己有分段，虽熏不受。

七识能熏四义（22）

能熏者，能熏第八识也。前五熏八识相分，成未来一切相。七识熏八识见分，成未来一切见。第六，二分通熏。

一、有生灭：遇缘则生，缘灭则灭。异坚住性，能久持受，而以有生故，生起八识本无之色法以熏八识，是有能熏之资。此义前六显有，第七虽坚持我执，而瞥尔妄生即有生，命终消灭，后有变易即有灭，特不似前六之速迁耳。

二、有胜用：七识有执持之强力，六识有分别之善巧，前五有觉了之明慧，异无覆性之体虚而作用不行。以我足熏之力，熏彼普受之量，是具能熏之才。

三、有增减：增则自增，减则自减，善染轻重，皆由乎己，欲熏则熏，不受他熏，异可熏性，是有能熏之权。

四、与所熏和合：由自阿赖耶，生自末那及前六识，自然此熏彼受，如子依父，故能熏彼而不逢违拒，是有能熏之缘。此义缘兼王所而言，前七王所皆与八识心王相和合也。若八识心所，亦有生灭胜用，应不受熏，还自熏心王，与前七同为能熏，以遍行五心所贯彻八位识中，虽各分属，原无二致，非八位中有四十遍行也。

六位心所（17）

识之本体为心王。王犹主也，统领当位心所也。心王所发之作用为所。

一、遍行：八识皆有。遍者，遍四，一切心也。

（一）遍一切性：善恶无记，皆因触受而生，作意而起，想、思而成。

（二）遍一切识：谓八位识皆以此五种心所而为其体用。若此五心不动，止是无覆之光，识体不立，识用不行。自七识以下七位识所有遍行，皆是第八遍行流注。识虽有八，遍行无二。当其瞥尔与根身器界相缘起识者，即是八识遍行。触八识相分而受之，因作意认为自内我，增长想思，即是七识遍行。于触受作意想思上诸分别，即于所触受等更增分别触受等相，而始终以此五为分别主，即是六识遍行。其八识一动，即分注五根，如一油透五镫草，相缘起诸苦乐舍等违顺触受作意想思，即是前五遍行。

（三）遍一切地：谓三界九地，有此识则有此遍行心所。初地八识遍行俱全，二地以上除鼻舌二识遍行，六地以上唯八识遍行常住不灭。

（四）遍一切时：谓自无始之始至究竟之终，其余心所或有间断，唯此五种心所贯彻八位识中，刹那不停，浩劫不息。有所缘，则缘别境以下五位；无所缘，则守其本位，而自尔分明。此一位乃唯识之本领，万法之根苗，未到金刚道后识体，此心所无可脱离，行于五位，终不休息，所谓一波才动万波随也。

此心所凡具五品，一发俱发。一、触，初与所缘相触，觉有彼境也。二、受，引所触以为自受之忧喜苦乐舍也。三、作意，念方动之机也。四、想，有此能想之灵，可入事理也。五、思，有此能思，可自起作为也。缘触生受，缘受作意，缘作意而成想思，故《成唯识论》以触为首。凡所触所受，作意乃知，想思皆作意现行，故《规矩》以作意为首。

二、别境：十遍行中起诸心法，各各缘境而别成境界，不得一时俱有，或一品孤行，或相缘而成二成三乃至成五。此心所第八无有，以第八于根身器界但有触受，具可作意想思之能，未缘境故，无别注而立一思量之境界。第七有第八相分可缘，内缘根身，遂于见分中起慧，自信为审知明了。而余四必待第六意起方生，故但有慧。第六全，无境合故，缘所忻所求所喜之境而有"欲"；于素所信可之境见为是处而印可之，而有"胜解"；于曾所惯习之境见为利益而记忆系恋，则有"念"；于所印可系心之境一心专注不忘，则有"定"；因而于中展转思维，智巧从之而生，则复生"慧"。此五以慧为生起之因；以欲故而立胜解，或以所信为胜解而欲；以欲解故而成念；以念而成定；于所定而生慧。或展转缘生，或一类孤行，于善于染皆有，而无记之成有覆，亦因慧而起，因余四而盛。

三、不定：不定者，无有决定之心，不得安隐，乃善恶交持之际，有此心所，是比非二量之所互成，于独影境不得自在，唯第六意识有此四心所。前五现量决定，无此不定。第七坚执非量，亦无此心所。意发不恒，当其习于恶而意忽不安，则有"恶作"；其欲向于善而心忽倦怠，则有"睡眠"；其修习善品而善不现前，则彷徨急求而为"寻"，凝神待观而为"伺"。从此猛勇解脱，则纯乎善；从此放散驰求，则堕于染。意识善恶之分，在此而决。

四、善十一：第八为种子含藏之识，虽诸善品，亦其五遍行所成，而非藏中所有。第七纯为染根，即使或成善品，亦但法执，不成为善。唯第六全具，以一切善染皆由意造也。前五有同时意识和合，又为诸善之所成就，意中善染，至前五乃发见于事为，如眼见美色不为欣慕流连等，是其无贪。余识余品，例此可知。然前五识胜劣不等，如鼻舌二识，于信勤不放逸行舍诸品现行，非其胜用。《规矩》言善十一者，统五识言之，非一一识皆具也。十一品中以无贪无嗔无痴三品为戒定慧净行根本，余八皆以此三善增善防恶，其与根随二惑对治。思之可见，不须刻意分别。

五、根本烦恼：八识虽有俱生二执、异熟二障为烦恼种子，而未起七识，不成现行，故无此根本六惑。第七虽未发露，而执第八为自内我，贪恋隙光，痴迷不晤，怠慢不求还灭，失正法眼而堕邪见，植根深固，蕴毒在中，作前六烦恼之因。至第六则以贪痴慢邪故，不得则生嗔，闻正法而与己异则生疑。至前五功用短劣，虽不能起邪慢疑等见，而贪嗔痴倍为粗猛。根本者，随惑三品皆由此而生，此为根也。贪嗔痴属烦恼障，疑邪属所知障，通云烦恼，所知必成烦恼也。

六、随烦恼：随者，随根本烦恼而起成诸恶也。凡一切违善顺恶，成自恼恼他现行，总以根本六惑为根，随根随境相随不舍。五趣杂生地炽然充满，二地以上粗能折伏，不能断绝，乃诸恶之纲宗。而谓之随者，见过非自此而招，亦不在此折伏，如大盗，持仗把火者为从，根本惑乃其主谋为首也。第八无根本惑，故亦无随惑。第七有四根惑，成大随，染有覆无记性为无明。第六三随二十品全具，以一切烦恼皆从意生，意识备六本惑，则诸恶相随，无所不至。前五作根依境，不留不结，故无忿恨等蕴毒深重之小随。又大随随痴而起，七六前五俱有痴故，故所同具。中随随痴嗔二分而起，第七无嗔，故无。小随忿恨恼害嫉依嗔，悭依贪痴，覆依疑，诳谄依邪，㤭依慢，六惑皆依，故唯六识具有。大中小者，随惑有三种义：

（一）自类俱起：不信与懈怠放逸等同时俱起，不相妨碍；无惭无愧本同一念，同时俱起。此义大中二随俱有。若忿则不谄，㤭则不覆，乃至乍然之忿必无深远之恨，小随专注，一心不得俱起，此义无。

（二）遍染二性：谓不善、有覆二性。大随中随即不成恶，亦有此心所是无明非独烦恼故。小随专是恶性，非无记故。此义无。

（三）遍诸染心：若大随于无惭无愧及忿恨等，皆依此不信等心而遍互相染，由违善故顺于不善。若中随于大小二随十八种心所，不必皆染，虽不信等未必定无惭愧，若忿恨等尤属惭愧心变成之恶。若小随等一念蕴结成毒，全不与大中二随相应，故皆无此义。故曰皆具名大，具一名中，俱无名小。

凡此善染五十一心所，具于第六；前五善具染不具；第七有染无善。故知流转之根祸生于末那，还灭之法即以斩绝末那为擒王破竹之元功矣。二乘愚者但依六根而施折伏，不但根本未拔，萌芽复生，且其所用折伏者即末那之双执，岂非认贼为子之大愚乎！

一、心理的组成因素

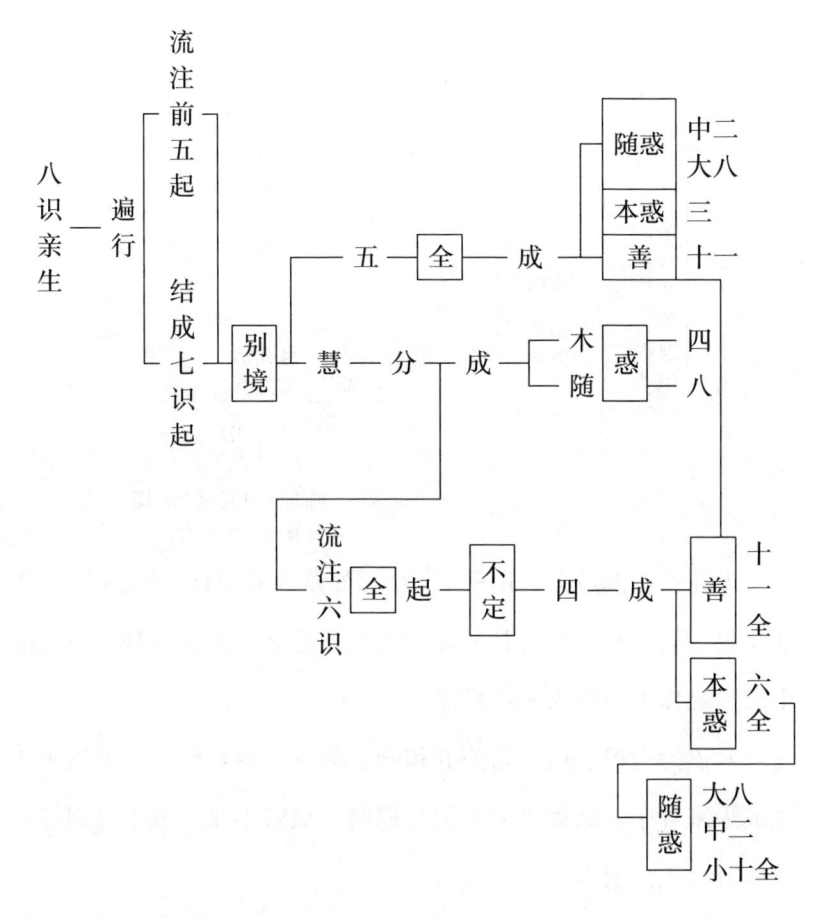

```
                                          ┌ 随惑 ┐ 中二
                              ┌ 五 ─ 全 ─ 成 ┤ 本惑 ├ 大八
          流                  │              └ 善  ┘ 三十一
          注  ┌ 前五起         │
          遍  │                │              ┌ 本 ┐    ┌ 四
八识亲生 ─ 行 ┤          ─ 别境 ┤ 慧 ─ 分 ─ 成 ┤   ├ 惑 ┤
          │  └ 结成七识起     │              └ 随 ┘    └ 八
          │                    │
          │                    │                        ┌ 十一全
          │                    └ 流注六识 全 起 不定 四 ─ 成 ┤ 善
          │                                              │ 本惑 六全
          │                                              └ 随惑 大八 中二 小十全
```

前五根本三惑及中二大八，乃八识藏中所熏宿业，不因同时意识而生，与同时意识和合而成。

六识不经七识所染则善染双忘，仍是无覆本性，惟被七识所染，则别境转增，不定心起，染在猖狂，善亦法障。

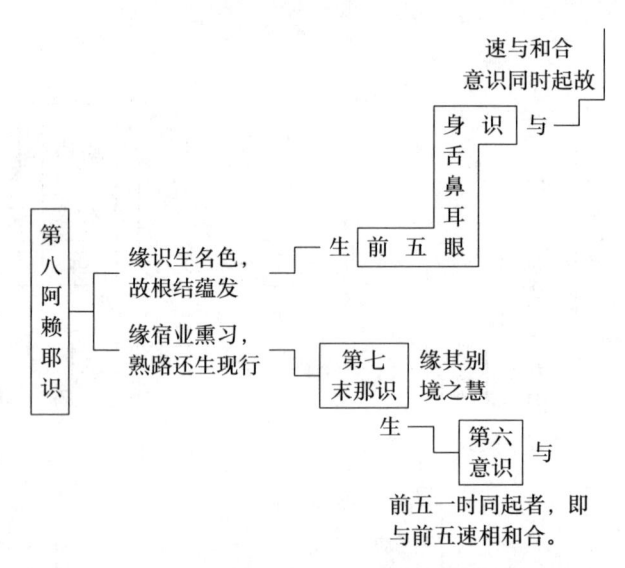

```
                                            速与和合
                                            意识同时起故
                                       ┌身 识┐ 与
                                       │身舌鼻耳│
                           ┌缘识生名色,┐生│    眼│
┌第 ┐ │故根结蕴发│  └前  五┘
│第八│ │          │
│阿赖│─┤          │
│耶识│ │缘宿业熏习,┐ ┌第七 ┐ 缘其别
└  ┘ └熟路还生现行┘ │末那识│ 境之慧
                           └    ┘
                                生─┌第六┐ 与
                                    │意识│
                                    └  ┘
                                    前五一时同起者,即
                                    与前五速相和合。
```

现在八识俱过去七识熏成,结真如藏为业识藏,作总报主,受罪福果;乃果中还复生因,故还起七六前五诸王所,具善染现行,故十二因缘以无明行为五蕴所缘。

六识为七识所染,与前五和合,为善染现行因,乃因地果生熏成未来种子,结如来藏为阿赖耶藏,流转不息,故十二因缘以爱取有为生死根本。

四分(12)

分者,八识位中各各所证之分量也。前二分无后二分,第三分不能证第四分。安慧建立三分,护法加立第四。

见分:能见者为见分。

相分:所见者为相分。然惟能见方有所见,所见者非真实相,因我能见，认为实相，见异则相亦异。如罗刹见雨成刀，雨遂有刀相。故谓此二如蜗牛二角，合则一，离则二也。第八相应心品有作意想思，乃其见分；触受二品所触所受，四大六尘，即其相分。第七以八识作意想思生起别境之慧，为其见分；认第八所有遍行光明之意为可执之实，乃其相分。第六以己遍行别境不定心所为其见分，以第七非量及前五根境现量为其相分。前五以瞥尔现前之知见与同时意识和合者为其见分，以五浮尘根及色声香味触之境缘为其相分。

自证分：自证者，不起见，不缘相，而自有能证之体，唯第八心王有之，乃见相之总持也。前七无。

证自证分：以真如智光灼知八识，即是如来藏证知八识心王生灭之因。此唯第九白净识有此分，自其证八识铨真则谓之白净识，自其普照一切见相则谓之大圆镜智。

二、心理的生起因缘

九缘（2）

明：日月镫之光。眼不缘此，则色不别白，识亦不生。余七识不缘此缘。

空：眼耳与境相去中间空处。若逼近无空，及中间障隔，则眼不能取色。耳虽不受中间障碍，而空能远闻，以生其识。余六识不缘此缘。

根：眼耳鼻舌身，皆依根发识。其结成形体者为浮尘根。眼能见色，耳能闻声，鼻能辨香，舌能知味，身能觉触者，为胜用根。余三识不缘此缘。

境：色声香味触皆现在实境，前五所缘。法乃过去五尘卸落影子，六识缘此境生，十八界为境。七八二识，不缘此缘。

作意缘：即八识心所中作意品。有识则自然相应有此作意。前五待作意，识乃发生。若不作意，根虽映境而不与己相关，见如不见，乃至触如不触。第六以此机为意所自生。八识本其相应心所而作意，则识体现。七识不缘此缘。

分别依：即第六识。前五与同时意识和合，乃生可忻可拒之

二、心理的生起因缘

见。六识即其现行，非所缘。七八本无分别，不缘此缘。

染净依：即第七识。染固为染，此净亦法执之净，缘末那而成。前五有净有染，皆缘此生。第六具诸染净，皆此决志引为自己现行。第七即其本体，不名为缘。第八缘此而不受染，名曰根缘，不名染净依，以无染无净故。

根本依：即第八识。前六皆从此五遍行而生起，为其根本所依。七识与第八互相为根，非藉八识而有，名为根缘，不名根本。第八乃其现行，非所缘。

种子缘：八识皆有种子者，亲生自类种子也。过去现行为现在种子，现在现行为未来种子。故眼恒见色，耳恒闻声，各各禀成八种境界。

四缘（3）

此四缘，八识皆具，即前九缘缘生之机用，合说其相，缘有三种因法，而加等无间缘为生灭不停之因。

亲因缘：即九缘中种子，乃其自类相续亲生此识之本因。若无此缘，虽具后三缘，其识不生。如眼不闻声，耳不见色等，非亲因故。

所缘缘：识本无境无量，缘彼以为境量，曰所缘。有此所缘，识乃成就，即九缘中之境缘也。前六缘色声香味触法，而生同异、成毁、总别、爱憎、取舍诸识，见缘相也。第七以八识相分有所光明之体为所缘之境量，第八以根身器界为可了之境，缘之而起遍行之心所。

增上缘：谓明、空、根、作意、分别、染净、根本七缘也。八位识中虽各有自类种子，不待增而自有其识，然必得此七缘为之增长，其觉了精审之胜用乃益成就善染诸心所令具种种功过。如眼本辨色，若遇天日清朗，镫烛辉煌，愈增详察。余识余缘，例此可知。其作意缘，但能发起初念，无所增长，故不在此缘。

等无间缘：八识自类识中，前念方灭，后念即生，谓之无间。然必待前念之灭，后念即生，各各相等相待，如瀑流之前波去而后后波乘之，无一刹那间两念并存之理。前念已往，空其位以待后念，后念即蹑次而发，无刹那之间隙。乃至三有身，生生死死，分段变易，必灭此乃生彼，灭此则必生彼，皆等无间也。此缘在九缘之外别有一缘，由有前故有后，前灭故后生；生灭之门，惟识之宗也。八识皆有，故曰"若加等无间，从头各增一"：眼十，耳九，鼻舌身八，意六，末那四，阿赖耶五。

三、心理的各种功用

三量(6)

量者，识所显著之相，因区画前境为其所知之封域也。境立于内，量规于外。前五以所照之境为量，第六以计度所及为量，第七以所执为量。

现量：现者，有现在义，有现成义，有显现真实义。现在，不缘过去作影。现成，一触即觉，不假思量计较。显现真实，乃彼之体性本自如此，显现无疑，不参虚妄。前五于尘境与根合时，即时如实觉知是现在本等色法，不待忖度，更无疑妄，纯是此量。第六唯于定中独头意识细细研究，极略极迥色法，乃真实理，一分是现量。又同时意识与前五和合觉了实法，亦是一分现量。第七所执非理，无此量。第八则但末那妄执为量。第八本即如来藏，现量不立，何况比非？故《颂》但言性，不言境量。

比量：比者，以种种事，比度种种理。以相似比同，如以牛比兔，同是兽类；或以不相似比异，如以牛有角，比兔无角，遂得确信。此量于理无谬，而本等实相原不待比。此纯以意计分别而生，故唯六识有此。同时意识以前五所知相比，求其得理；散位、独头缘前所领受以证今法,亦多中理,皆属比量。前五不起计较,不具比量。第七一向执持污尘,坚信迷着,不起疑情,亦无此量。第八无量,前注已明。

非量:情有理无之妄想,执为我所,坚自印持,遂觉有此一量,若可凭可证。第七纯是此量。盖八识相分,乃无始熏习结成根身器界幻影种子,染污真如,七识执以为量,此千差万错,画地成牢之本也。第六一分散位独头意识,忽起一念,便造成一龟毛兔角之前尘。一分梦中独头意识,一分乱意识,狂思所成,如今又妄想金银美色等,遂于意中现一可攘可窃之规模,及为甚喜甚忧惊怖病患所逼恼,见诸尘境,俱成颠倒。或缘前五根尘留着过去影子,希冀再遇,能令彼物事倏尔现前,皆是第六一分非量。前五见色闻声等,不于青见黄、于钟作鼓想等,故不具此量。第八无量,准前可知。

现量乃圆成实性显现影子,然犹非实性本量。比量是依他起性所成,非量是遍计性妄生。

《瑜伽论》三量外,有至教量,谓值佛出世,及法恒住,所说一实至教,闻已生信,即以所闻至教为己识量。此量从根门入,与意识和合而成,亦三量所摄。若因闻至教,觉悟己性真实,与教契合,即现量。若从言句文身思量比度,遮非显是,即属比量。若即着文句起颠倒想,建立非法之法,即属非量。

三境(5)

境者,识中所现之境界也。境本外境之名,此所言境,乃识中觉了能知之内境与外境相映对立所含藏之体相也。

三、心理的各种功用

性境：性，实也。所见所知者，于地水火风、色香味触既所实有，识所明了宛然之境界，亦是如实而知，非情计所测度安立不必实然之境。前五见色果色，闻声果声，知香果香，知味果味，觉触果触，不缘比拟，定非谬妄，纯是此境。第六依前五随色声等起如实法，不待立名思义自尔分别者，其一分性境也。七识妄揽八识为自内我，立八识相分为境，非其真实，故不具此境。第八本如来藏，无有境界，横为末那所执，而成见相二分，虽缘根身器界以为性境，而本无其境，故《颂》中于八识不言何境。

带质境：因四大五尘之质带起，立此一境，是执著相分而生其见分。谓之假，则有质可带；谓之真，则本性实法所无。一切颠倒迷妄皆此境所为，恃其有质，信可爱取，挟质妄行，坚不可破。此境前五所无，不于声色等起意计故。第六为似带质，以意缘前五卸落影子法尘，于声色等立可忻可拒之相，其实彼质不为吾意所带动，如蝶恋花，花终不恋蝶，故曰似带质。第七为真带质。八识本无区宇之质，第七带起而据为自内我，第八即为所带动而成一可据之境，流转生死中，为自境界，故曰真带质。八识虽有五心所，而不挟带外境之质为其见分，故不具此境。

独影境：全不因实有而立其境，独有其影，了无实用。此境唯第六有之。前五有实境则如实而知，非影也。第七本无自体，如本无镜，不得有影，所执乃第八实有之相分，非影也。唯第六一识，于前五过去色声等，形去影留，忽作忆念，宛在心目之间，此名有质独影。又或因名言配合，安立境界，如想兔有角，便俨然一戴角之兔，可说可画，此名无质独影，一半似真，一半是妄。

性境，实性所生；带质，遍计性所生；独影，依他起性所生。独影虽非真实，然不于境中横生意计，执为自性，亦不强物从己，坚立崖岸，如镜中见影，可即影而知形，必不向影而求其言笑，若于此一着妄计，则即落带质矣。故六识通三性，因性生影，因影生带质也。

三性（7）

此性指识中相应心所有此三种差别，于见分三性中俱依他起性摄，以皆资藉缘生故。若圆成实性，但一无三。

善性：能成善品十一之才质。

恶性：能造根本六惑、大随八、中随二、小随十之才质。

无记性：记谓纪其功过之因，而别为善恶之果。无记者，可以善而未即善，可以恶而尚未恶，乃识初发之机，一切恶善皆由此作，遍行、别境、不定三位，十四心所之才质也。别有士用果，如著衣吃饭耕种工技等，其果亦无记，亦由遍行别境起其功用。此无记性复有二：

一、有覆无记性：覆，盖覆也。如瓦隙日光，四边皆受障蔽，但受一隙之影。此性覆障真如广大之体，于五蕴中，八识执持我为我，我法为我法，虽未即为恶，而为染污之本，乃七识别境中一分邪慧所成。恶性成烦恼，善性成无明，而烦恼乃无明所发生，故前六随惑皆七识根本四惑所生，而四惑又别境慧所生。若论其本体，则此性即是无覆性锢蔽而成有覆，如隙中日即全日光；故统言三性，不分为四。

二、无覆无记性：乃真如不守自性，加被润生所成，本无覆障，虽为七识所染，而本体自如，遍行初心，但有觉了，无执著，无分别。然其可善可恶不得纯净无垢，如水初波，未有宁静。善恶

三、心理的各种功用

二性，唯第六通具，以一切善恶皆缘意造也。前五善性具，恶性有缺，识依根发，功不胜故。如小随十，前五对境则有，境去则妄，不留滞结成内毒，如第六之攀缘过去未来也。前五善恶亦待一分同时意识和合乃成；若同时意识未生，但与五根和合，则前五止有有覆无记。

无记八识俱有。此性在八识但成五遍行，未堕善恶。至七识结就，则即此遍行而生别境之慧。至六识生，则即此五遍行具诸别境，及不定四。其流注前五，则遍行生五别境；其遍行止是一性，贯串八位识中，为可善可恶资粮。在八识但有初发识光，未有障覆。至结成第七，则此性自生覆矣。七识以障覆为性，还能障覆第八，使成异熟种子，结生死因；又能障覆前六，使成根随诸恶、根本四惑及八大随，皆此有覆之所结成。此有覆性以法执成我所，是所知障。无明现行为烦恼种子，非即有烦恼现行，故但名无记，不便判作恶性耳。六识受七识之染，前五以第七建立我所，各各成自类遍行别境，不得圆通，皆是有覆，不能还归第八无覆本位。唯八识一位无覆无记，余俱有覆。

五受（13）

八识所受外缘。于身心有此五种差别。

忧：逆境未至而先逼心。

喜：顺境可得而先悦心。

苦：逆境逼身。

乐：顺境乐身。

舍：不逼不悦，若一切随缘应得受用，忧喜苦乐俱不相应，名为舍。

前五有苦乐舍三受，忧喜不关身，故无。七八二识，忧喜苦乐俱未曾领纳，唯有舍受，遍受一切，未分别故。第六忧喜最重，苦乐虽在身，而意亦领纳。若随缘起意，虽极思量，不见苦乐，无所忧喜，则是舍受，意识具全。

四、宇宙万法的整体联系

五位唯识（9）

　　此以唯识一宗该尽万法，一切事理见相善恶凡圣，皆识所证。流转者，此识之流转；还灭者，即于识而还减之。百法统万法，五位统百法，若非自识，彼法不成。一由阿赖耶识旋生七位，建立种种迷悟规矩。凡一切相，皆从见生，见相皆从自证分生，一散而万，相宗所以破逐法执理之妄也。

　　一、自性唯识：真如自性刹那一念结成八识，各为心王。在含藏未发为阿赖耶识；转念执染为末那识；发动于心意为纥利耶识；依五胜用根为眼识、耳识、鼻识、舌识、身识。总是如来藏中一色光明逐地流转，是八位心王自性皆唯识也。

　　二、相应心所唯识：八识五心所，七识十八，六识具五十一，前五约略有三十四。一一心所成彼善恶无记三性，具诸作用，皆是识所显现生起，于八位中各与彼识相应。有此识则有此心所，凡所有心所皆是此识建立成熟，识外别无心所也。

　　三、所缘唯识：内而五根为根身，成种子、根二缘。外而五尘与地水火风四大为器界，及一分法尘，结成前境，为空、明、境三缘。识缘之而生者，与六七八三识互相为缘，作分别、染净、作意、根本四缘。及等无间，待彼灭而此生者，亦非识外别有相资相互相待，别有可缘之色法，皆即识所结成所印持而成乎有彼，以见立相，又因相而生见，如束芦转。若有眼识，不成胜用，即无青黄等色可缘之相。余十色法，例此可知。如毛嫱丽姬，鸟见高飞，鱼见渊潜，由彼识别，所缘亦别。足知地水火风、色香味触及一分法尘，种种名，种种义，种种功田，种种触受，缘以生识者，皆识中所现之影也。

四、分位唯识：乃二十四种不相应法，各自有其分位，不可分入八识分位中者，如他人识等与己八识不相应然。唯末那执染障碍人法二空，故有分别相应不相应法，实则统于真如中本无异同，但因识所计较，判彼与我为不相应耳。二十四详《唯识论》。

五、实性唯识：六无为，非识所有境界，乃真如实性。然真如流转而成八识，识还灭而即实性，如反覆掌，面背异相，本无异手，故四智即唯识也。

五、有情生命的因果相续

十二支，一曰十二因缘（4）

因缘者，因此而缘于彼也，与九缘、四缘之缘，文同义别。缘谓相循不舍，此通序一期生死，相缘而起。

无明缘行，行缘识：无明，即七识之有覆性也。行，七识之别境之慧，生起四惑及前六一切心所，成种种现行烦恼也。此二属过去支，因前生为无明所障蔽，结成现行。因此现行熏习执为自内我体，遂生起不断之阿赖耶识。在前有已灭，中有身中此识不灭，以成后有之主公识，第八识也。

识缘名色：名色，五蕴也。名者受想行识，色即色蕴。因过去之识执持不灭，缘坿父精母血，结成五蕴，取胎中之形，谓之色；色中即含藏受想行识种子，以其未有发见之实，故谓之名。此中无思无为，自然分别，故抟合而成五根，玲珑巧妙，成浮尘色，具胜用根。皆是识神在内变化，成其质性，为有生后受想行识之蕴。又云"识缘名色，名色缘识"者，则以既有色，还复生起后有中含藏之识，则名色又缘坿于识也。识缘名色者，过去之识缘后有之名色；名色缘识者，名色复缘现在未来之识也。

名色缘六入：入，色声香味触法也。有此色受想行识之蕴，自然缘彼六处而与相入。

六入缘触：既入于六尘，则五蕴与彼六处相遇而触，觉彼六尘明暗、喧寂、香臭、甘苦、冷暖、违顺等相矣。

触缘受：既与相触而觉其有，则眼受色，耳受声，鼻受香，舌受味，身受触，意受法，引彼尘而归我根，还与领纳而生喜乐忧苦舍诸受相。

受缘爱：受之则趋喜避忧，厌苦欣乐，于可喜乐，生其耽爱。

爱缘取：爱色则取色，乃至爱是法则取是法。

取缘有：既取外尘为己受用，遂以长养六根，增益六识，以执持七八二识，有之不离。

有缘生：生谓一期寿命中成种种业，作生死相，据现在未灭者为生，尽其寿命。

生缘老死：一朝之报将终，生还衰减以至于死。若其实相，则刹那不停，方生方死。过去一刹那死，现在一刹那生；未来一刹那已生，现在一刹那又死。如镫赴焰，焰增油减，至灭乃休。

自名色以下皆现在支，而爱、取、有三支，为"无明行识"之因，结成未来八识种子，循环生死之中，无有休息，皆此十二有支相缘不舍，唯一阿赖耶识贯彻始终也。（自注：有谓中有后有；支者，一期生死中之支派。）

三界九地（14）

地犹位也。修行此地之染净为因，成就托生为果。因以从染入净，次第而臻。随因得果，九等差别以分。要为从根求净，误以八识为圣证,上地报尽,还生下地。故颂云:"界地随他业力生。"三界,界,限也。四果四空,相因成熟,故通为二。

一、五趣杂居地:人、天、畜生、饿鬼、地狱为五趣。趣有意趣、趣生二义。意趣为因,趣生为果。此天趣乃有分段生死,不知佛法。此宗专说当人八识,而旁及天、鬼、畜、狱,以人造彼因,必堕彼果者言也。

二、离生喜乐地:发有为心,出离生死,以净行为喜乐,在四果中为须陀洹。此地折伏鼻舌二识,虽有胜用根,闻香知味,而不起爱香甘、憎臭苦分别。

三、定生喜乐地:既发愿出离,志不退转,决定依净乐生住,在四果中为斯陀含。

四、离喜妙乐地:修习净行,不因忻慕,自领净乐,在四果中为阿那含。

五、舍念清净地:无待欣乐,与净行自然相安,与五欲自然不染,在四果中为阿罗汉。

以上四地,乃人中修学二乘所得果地,皆从六根折服现行烦恼。不知唯识法即转成智,不能还灭根本烦恼及所知障。若于此发广大心,从四加行、二资粮进发心欢喜地,即入佛乘。若但成熟不舍,堕后四地天趣中。

六、空无边际地:灭尽根尘,一空无所不空。以下不复来生人间,然报尽仍堕五趣,以八识种子未得还灭也。

七、识无边际地:折伏七识一分粗障,据第八识为涅槃境。

八、无所有处地:八识心所不现,心王不灭。

九、非非想处地:不灭之八识时现光影,而不能成普照之圆明。

以上四地,乃四空位,随其愿力功德,依空而住,不生人间,乃阿罗汉修证之极果也。初地为欲界。二地至五地为色界，不起欲想而依色托生。后四地为无色界，不依色托生，处于空虚，有无不定，渐高渐上，依空界住，无三有五蕴，但八识不转，报尽还生。

三有身（15）

前有身：谓寿命欲尽时，根已坏，前六无依，亦随坏灭，唯八识依寿暖尚在时。

中有身：八识离根，为七识薰染，不能解散，于虚空中抟结。自非速堕地狱者，一七日成此身，待缘托生。

后有身：中有身遇父母交合，见一线之光，投入母腹，初七名羯喇蓝，二七名额部昙，三七名闭尸，四七名健南，五七名钵罗奢伽，以后生发毛指爪，具诸浮尘根，至于出胎，其受想行识即随色住。此众生死此生彼中间三位，八识蕴结，不空而有，一谓之三阴身。

二类生死（16）

分段生死：如一人报尽，中有身抟聚不散，还为一人。乃至堕三恶道，报已还复受生。或修净行，生种姓家，成四果。净染因果虽异，皆随六根而转。识依我执，终不舍离为因；一类相缘，出没生死为果。

变易生死：此生报尽，不复结为中有；一类相续之身，随缘分合，其净行成熟，超禅入空，舍世间五蕴，依空而住，不食段食，不结浮尘根色。此上四地所得净果，乃至劫终方始毁坏。其分别我执已尽,去一分末那,而法执末那亦不现前,唯阿赖耶识坚固未转,为因而得此果。

六、迷悟差别

见分三性（8）

此三性乃真妄所自分。凡有言说，俱从此证持。一乃性之本体，二性之作用，三性之变染。相宗依依他起，证圆成实。

圆成实性：即真如本体，无不圆满，无不成熟，无有虚妄，比度即非，眨眼即失，所谓"止此一事实，余二定非真"，此性宗所证说，乃真如之现量也。八识转后，此性乃现。

依他起性：或依境，或依根，或依言，或依义，展转依彼事理，拣别真妄而实知之，此相宗所依以立量，就流转中证还灭理，比量也。由此度理无谬，虽未即亲证真如，而可因以证如，由八识五遍行流注六识，而成此性。

遍计性：不依真如，不依事理，从一切世间颠倒法，相类不相类，遍为揣度，而妄印为真，非量也。因此而成痴慢疑邪之惑。永与真如不契，从七识有覆性中一分邪慧流注六识而成此性。

迷悟二门(24)

二门皆尽唯识宗旨。《规矩颂》前八句恭颂流转门,后四句颂还灭门。

流转门:门者,如共一室,内开二门,一门为吉祥之路,一门为凶祸之途,唯人所趋。所趋一异,则安危悬隔。盖生人趣中,同此阿赖耶识,悟者由之证涅槃菩提,迷者由之堕五趣生死,惟自所向往之门,决于发足时耳。流转者,五趣生死之门也。从八识顺其习气瀑流之机,起五遍行,不复回顾真如,一注七六二识,一注前五识,生诸心所,成随烦恼,谓之流。从七识违背真如,转变其圆实之性,染八识无覆为有覆,变六识别境令生不定,而具根本六感,乘前五之发即与和合,变成三惑重障,谓之转。且流且转,转而复流,现行种子互相生而不已,因果相仍而不舍,永无出离。十二因缘之业海,皆由此门而出也。《成唯识论》以流转显生死因,故顺其缘生之势立三变门,从真如变赖耶为一变,从赖耶变末那为二变,从末那变前六为三变,顺序也。

还灭门:还灭者,灭妄还真。非灭妄不能还真,还真则妄自灭,此所谓十方薄伽梵,一路涅槃也。

还者,逆八识顺流之波,穷前五之妄,归同时之意识,即还六识妙观,不转前五成妄。穷六识之妄归七识,即还七识本无之体,不染六识具诸惑障。穷八识之染因于七识,而本自无覆,即还本体,不受其染,渐渐舍彼异熟,即还真如。

灭者,于七识命根一刀斩断,绝灭无余,六识枝蔓随之摧折。七识灭则六识灭,六识灭则七识后念灭,前五同时意识、八识见相二分皆灭。此门唯博地凡夫早悟唯识宗旨,不为二乘根门所惑,及阿罗汉加行成熟，不自侨疑，发大乘心，精进不已；由四资粮至初地入见道位，于六识灭现行二障，于七识灭分别二执；至二地入修道位，渐次成熟；入第七远行地，不假观门，六识灭尽；至第八不动地，七识我执永灭，唯余间起之法执；八识因之将还白净，唯异熟识在；至等觉位一刹那顷，微细俱生法执断尽无余，第八异熟即此顿空，入佛果位；六七二识得复，无妨再用，为利他权法，照大千界，应十地机；而第八转成无垢，即证大圆镜智；前五因其现量，成无漏功德，分三类身，总还圆成实性真如本体矣。六七二识还灭最在前，自初地初心而始，以见修二位皆于此二识施功用故，故谓"六七因中转"，还灭之功，在此二识也。前五及八识还灭在后，前五尤在最后，八识至八地赖耶始灭，至等觉异熟乃空，还归无垢。前五直至佛果，乃得圆明，初发无漏分身，应众生之用。盖其还灭之功在六七二识，在八识尚有一分无功之功，在前五并此而无，故谓"五八果上转"。若欲于前五施还灭之功，则是二乘折伏根门愚法；若欲灭尽八识，即堕外道断见。七识纯用灭，六识半灭半还，自类种子不因七识染者，亦八识之分注，可用为观门，还其本智；因七识染者，七识灭则自灭。前五第八唯还无灭。《规矩》说还灭法立四颂，从粗入微，以前五始，以第八终，逆序也。

七、杂染根本

二障（10）

障者，障蔽真如也。有障则智成识，无障则识成智。

烦恼障：我执所成。由七识揽八识为自内我，令诸遍行心所染著流注前六，成诸恶业，既以患得患失自恼，还以恼害一切有情。此障以七识贪痴为根本，至前六识生起嗔分，增长中随小随十二染品。

所知障：法执所成，由七识执八识相分为己见分，生一分别境之慧，建立非法之法，即所知者为障，而还能障蔽所知，迷失妙悟。此障以七识慢及邪见与痴一分为根本，流注六识，生起狂疑，增长大随八及中随一分无惭无愧。唯前五无，以前五所知虽一有覆之光，而实性境现量，无非量也。

我法二障各二（11）

分别我法执：此二执在八识本无。至有生后，八识种子还生七识现行，遂染第六意识，于人法二障生慢疑邪见等现行，起我非我、法非法，虚妄分别，流注前五同时意识中，增长贪嗔痴等。直至地前资粮圆足，入见道位，意识初转，则现行二执不复生起。故第六《颂》云"发起初心欢喜地"，第七《颂》云"极喜初心平等性"。以七识为分别根本，六识为分别现行。此二执于六识生，即资六识而灭。以观门妙察照破二执本非实有，皆以因缘合集而成，遂得脱离出缠，不复生起无明烦恼粗相。

俱生我法执：此二执乃无始时来，以七识所染现行，薰成八识种子，伏于隐微，为生死根本。七识拘定一窍之光，为八识见分，遂与根身器界相依成彼之境，为八识相分。其执见分为自内我，不能打破疆界，认根身为法器，乃至菩提自我得，涅槃自我证，皆是我执。其依相分安立境界，乃至知有法可证，有佛可学，皆是法执。此二执非见道位中所可还灭，以见道位中以人空法空二观折伏现行二障，而能观者即是我，所观者即是法。由在未生以前，如影随形，虽日月镫光暂灭而隐，究竟形未灭而影相暗存，不缘六识生，不于六识转，非观所能断绝。须于修道位行起解灭，渐次成熟，至不动地，不劳自己功用，无能观之我，则此我执摧灭。而犹有道可修，有佛可学，法执未除。至金刚道后，尽舍八识种子，法执方净。然尚未能现大光明，合十方尘刹为一智所摄，尚有微细法执，不能入异类，合四智成一智，息三界苦轮。必至佛位，具四无碍智，俱生法执方得灭尽无余。

邪见五种（23）

此六七二识心所根惑中不正见也。其类甚多，要不出此五见之中。

七、杂染根本

一、身见：执妄身为我，起种种贪着，如此土玄门之类。此见七识为根本，至六识而增长，属我执无明。

二、边见：不得中道，堕于一边。凡有二种，一切不正之见皆此二见为主。（一）断见，谓一切法究竟消灭，无因果。（二）常见，谓一切法常在不灭。破如幻于非断非常、亦断亦常法，各得一边，执之成妄。此见从六识生起，七识以恒审持之，结习不舍，属法执无明。

三、邪见：妄立魔天神鬼，信为生缘，如今世天主教之类。此见全是六识妄结，恼乱他人，属烦恼。

四、见取：于非果计果，如以无想天为涅槃之类。此见缘七识执八识为自内我，因据八识心王不生灭为果，属无明。

五、戒禁取：于非因计因，如持牛狗戒、衣草木、食秽恶、拔发熏鼻、卧刺投棘；今之穿胁、烧指、打饿七、坐钉关、乃至积薪自焚、跳火坑等，皆其眷属。此见全是六识非量结成，七识痴疑迷，自恼恼他，属烦恼。

八、清净转依

八识转四智次第（25）

此约渐教而说。若从相宗悟入，只有径灭七识，余七一齐俱转。相宗显标渐教，密示顿宗，在人自悟耳。

前五识转唯一品：变相观空，乃同时意识入人空观，虽前五异前心所不立，仍是六识带转，前五未能自得无漏真智，不可谓转。直至佛果，方证即相即空，无观无变，分身无漏，前五之果顿转成智。盖前五虽与第八俱于果转，因中无功，而八识犹有澄定扩充无功之功。唯前五自见道修道直至等觉位，全不于此用修用证，不动丝毫，即成无漏，故言如来亦有肉眼；八识转后依旧是旧时人，而三类之身自现其所以大异于二乘守定根门下折伏死功、打车不打牛之大愚者在此。

六识三品转：初三资粮位，入初地见道位中，断分别我法二执现行无明烦恼上品障。自二地至七地修道位，断分别二执中品障，以未能常在双空观，俱生二障犹然间起而成现行。七位后常在观门，俱生二障永不现行，断下品障。此识但有现行，七识乃其种子，故但于现行转，不能转种子；即能转分别种子，不能

八、清净转依

俱生种子。从八地至等觉位，不于此识修因，亦不于此识得果。八地以上观察智不行。

七识三品转：初地初心入见道位，以六识无漏智观我执不生，而法执犹恒，此因六识而转，为下品转。至第八不动地，我执永伏，法执间起，染性已空，有覆未泯，觉为有智可得，有佛可乘，为中品转。至等觉位一刹那顷，俱生法执尽灭无余；入佛果位，不妨仍示平等智中差别，应十地菩萨堪受之机，为上品转。虽有三品，而初发心时早识此末那为八识流转根本，一刀斩断，不假六识观门，渐次降伏，尤唯识秘密法也。

八识三转异名：初次凡夫直至远行地，名阿赖耶识，此翻藏识，皆被七识执为内自我，令藏过去末那所熏一类相续种子，亦藏现在前七现行我法二执种子。至远行地入第八不动地，七识俱生，我执不起，解放八识之缚，不受拘染，不熏未来种子，而七识俱生法执未泯，执此八识有可修可证之法，此无始来时暗藏种子，虽现行不起，而未即消灭，累此八识带一分镜中远影，藏已舍而此不舍，名毗播伽识，此翻异熟。因伏果中，果位不圆，智成有漏。至等觉位一刹那顷，七识转尽，从此尽未来际。不受一毫熏染，无始以来原不曾熏动丝毫，还与真如契合无二，名无垢识，一曰白净识，《解深密经》立为第九识，实即八识转后之异名尔。八识与七识同时俱转，八识无孤转之理，故曰如束芦交转。转入之功全在第七，有一分因，即获一分果，更无观待。此已得阿罗汉果，不自侨怀放逸，堕四空天趣，而加修习之功，成熟净行四品，凡二位升进。

四加行（26）

此位未证唯识，乃二乘进道之阶基。二品通四，前二因，后二果。

一、暖：用智慧火，烧烦恼薪，薪不尽，火必不断，常令温暖，不受业风阴暗逼恼，身心喜悦和畅。

二、忍：于一切净行难行难忍者，不怖不忧不惮不退，如法修习，忍受担荷。

三、顶：暖品既熟，一切烦恼尽皆退伏，超出浊欲界中，终不堕陷。

四、世第一：修习忍行已熟，于精进勇猛，成殊胜净行，世所希有。

此四位于阿罗汉果中，勤行不息，不贪天乐，乃得不入四空界地。但犹于根门修习，未证唯识，灭七净八。故顶者不脱身中之顶，世第一者于俗第一，未离三界。特其精进既熟，自然一旦能发大心，入三资粮位。

资粮三位（27）

此三位俱于六识用功，净其现行，未证七八还灭境界。资粮三位，凡三十品。

十住：始舍二乘根门之学，住菩萨道中。

十行：舍二乘独觉行，行菩萨行。

十回向：以十行回向真如，发广大愿，得广大心，超彼根门，证知人法二空，在此一位疾入初地。

八、清净转依

资粮者,见道之资粮。此大心阿罗汉至顶世第一位,功熟慧生,发广大心,舍其已证之果,依菩萨道,虽未即证知,而如法修行,皆出离分别二障之实法。如人行路,行至方知;不尔,但从人问,未能悉彼程途曲折境界。故从十住进十行,十回向,修习圆满,得登初地,入见道位,与所住所行所回向一一印合,双空至理。

十住者,以方便三昧,无沉掉心,现自体无生灭智慧,住于真如圆性之中,不以生灭心为其信解。此位初舍二乘自守根门之愚,如人舍其卑陋之居,从大宅中安心而住。

一、初发心住:从二乘见佛威神而发,依菩萨道住。

二、治地住:初舍二乘深重我执,发哀愍众生欲度之心,而安住之庄严佛土。

三、修行住:观前诸法皆非坚实,而欲修妙净之行,常住不倦。

四、生贵住:于诸佛至教深生净信,如托生佛家,不堕下品。

五、具足方便住:凡所修行,皆悉护念众生,观知众生无边境界,乐住其中。

六、正心住:一心依佛,于诸赞毁,心皆不动。

七、不退住:不因佛难出世、佛法难学而生退转,久住不离。

八、童真住:身语意三业,长净无失,全童真性。

九、法王子住:观察审知众生烦恼习气,知所调护,可以代佛说法,无所疑怯。

十、灌顶住:为佛乘甘雨灌注,智光加被世界众生,通体明了。(自注:十品中有初终次序,渐进至十。)

十住初住佛乘,十行则舍根身而以智慧通行菩提道中,具知佛所恒行,即如法行之,无有疑碍。如住大宅已定,知彼室中所有壁宇应当修治，所有器具应当足用，以十波罗密为其实行。

一、欢喜行：行檀波罗密，具足喜舍。

二、饶益行：行戒波罗密，饶益净行。

三、无违逆行：行忍辱波罗密，顺受有情。

四、无屈挠行：行精进波罗密，不生怯退。

五、无痴乱行：行禅波罗密，澄定不惑。

六、善现行：行般若波罗密，空智现前。

七、无著行：行方便波罗密，无所执著。

八、难得行：行愿波罗密，发广大心。

九、善法行：行力波罗密，护持正法。

十、真实行：行智波罗密，如法实知。（自注：十品同时并修，无有渐次。）

于一切住一切行，皆悉回念，所发大愿深心，不求别福及余善果，但用修所应修，觉所应觉，趣入佛位，利益众生。至此体道功用将次圆足，分别我法二执，以广大资粮厌伏不起，于佛境界亲所历证，功不淆讹，一登初地，见道圆满。

一、救护一切众生离众生相回向：求证人空。

二、等不坏回向：一切平等不坏世法，求证法空。

三、等一切诸佛回向：求证法空。

四、至一切处回向：求证人空，一切处，三界九地。

五、无尽功德藏回向：不以现得功德而自厌足，求证法空。

六、入一切平等善根回向：求证法空。

七、随顺众生回向：求证人空。

八、真如回向：舍智求智，求证法空。

九、无缚无著解脱回向：求证法空。

八、清净转依

十、入法界无量回向：求证人法双空，出离分别二障。（自注：十品一心普摄，无分别渐次。）

十地（28）

自地前至初地为见道位，二地至七地为修道位，六识七识转尽。七识初地转起，与八识前五，佛果位方转尽。

一、欢喜地：从地前一资粮位如法修习，亲历亲证，忽尔得广大心，灼知分别二执之我见法见，皆与自性了不相关，顿然舍尽。见道位中功已圆满，识得大自在，生大欢喜，于双空观中，意识发现无漏智观，乃六识转成妙观察智之始也。七识因六识后念增长二执者，亦因六识妙观之力，现行不起，不复增长昏迷，得现行平等。唯除自类末那种子未净，故此地于八识全不相应，前五亦不受转。

二、离垢地：初地于见道位中功已圆满，而俱生二障伏八识种子中，成七识现行，非见所能摧伏；以见从六识观起，仍用八识流注见分，不与八识相应故。菩萨进此地时，行起解灭，入修道位，勤修戒定慧三品。虽此三品，二乘于根门亦尝修习，而此地分别执灭，则原是旧时人，不是旧时行履处。此地以纯净心具足菩萨圆满妙戒，远离尘垢，无不严净。

三、发光地：此地以纯净心入最胜定，总持大法一切清净妙湛之理，定中显现。

四、焰慧地：此地以纯净心证菩提法，智火焰生，烧尽烦恼，烛破无明，永离暗蔽。此三地，戒定慧一时同证，而由戒得定，由定得慧，有升进机。

五、难胜地：此后三地，乃前三地戒定慧增长圆满所登。难胜者，净戒圆满，无所拣择，于真俗二谛，行相相违，皆悉融通，入缠不怖，一切世出世间无能胜者。

六、现前地：印合无为真如。无境不定，随所安住，菩提妙法无不现前，无入定、住定、出定差别相。此诸位中增一分进修，则灭一分习气，所谓"六七俱生地地除"也。

七、远行地：充满慧体，尽法界际皆其智量所摄，双空常在，不立入观出观有间断法。修道位中功已圆满，至此舍分别意识而行别路，脱尽情想，全不依根发识，生有漏心。此妙观察智之极境，六识转智之胜果尽于此矣。此上第六识智双遣，专于意不起遍行处，净七八二识。

八、不动地：见修二位功俱圆满，至此无见无修，于不作意中妙凝智体，不再余有俱生我执，得相恼乱。七识已净，八识以有我爱执之为藏者，遂舍藏名。盖初地以六识净七识故，但伏现行，不伏种子。八地不假六识观门，直从七识净其根本，乃与俱生二惑相应对治，除一分七识。即净一分八识，乃七识因穷、八识果净之始也。

九、善慧地：藏识既舍，廓然无我，得大神力，转诸根身器界，皆成般若智体，净诸生法执中一分粗障，永除带质境惑。

十、法云地：大智充满，如云集空，一切诸法悉受总持，无有一法而不在其智中者，将降法雨，加被法界。若大用流行，则俱生二执俱舍。但在静函妙法之际，法见独存，亦是无始以来熏成种子所持，如镫外远影，不即不离，则是俱生一分微细对影之障，未能消陨。以故前五胜果未得分身无漏，息法界苦轮，法犹在自而不在他也。从此以上，法云久满，灵雨忽飞，至等觉位，一刹那顷脱尽无始以来异熟种果中一分法相，相分融化，见分自无，自证分无可证，乃得还其真如本体，成白净识。前五分身无量，所作所成皆证妙果，在识名为白净，尽脱七六前五色名，在智名为圆镜，亦无观察平等之异。前七丝毫不存，第八自然还元，前五自然圆通，等觉道成，佛果即得矣。

八识转成四智（29）

前五识转为成所作智：三类分身，光明相好，成就众生，各得解脱。以眼耳鼻舌身现诸功德，成其所作，随缘利物。此佛果位中用此智为化身大用。若在修习位中，则二地初禅已舍鼻舌二识，至第三无寻无伺地五识俱不起，识既不存，智亦不显，乃至十地，于此前五，因地无工夫，果位无功德。直至佛地，智果乃圆。盖前五直从八识五遍行流注成诸心所，故随八识而转，在大圆镜根本智后，故名后得智。此转乃就其现量而成化身功德，还而非灭，顺转也。

第六意识转为妙观察智：妙观察者，观中察出人法双空，不同二乘有相观也，能使极略极迥之法昭朗现前。此智最为先转，地前已证。见道位初入欢喜地，便能观察现行分别二执之妄，而证二空。至远行地常在双空观中，则俱生二执虽未除，种子已永不现行。然意识所转之智，尽于此地。六地以上，不待作意观空，自证本智，此智不用。佛果位中一切妙智，一大圆镜智所摄，更无用此观察矣。此有顺逆二转：自八识流注之意，亦是如来藏一分净光，有观察之能，以之观空，即成妙智，顺转也；其自七识所染发见之识，一动念即属非量，无分善染，俱成有覆，则须灭除，逆转也。

  第七末那识转为平等性智：由有我执，故与物不平；由有法执故，所见不等。初由第六意识入双空观，折伏现行二障，渐证平等，至修道位已满证无功之功，一刀割断末那，不执八识为自内我，不再重染八识相分染之作相，且不就八识见分作自证之总持，则不平不等之根断绝无余。至佛果位中，就菩萨机，应菩萨化而成就之。又若有修有证一分法相，以八识见分随缘化导，然他受用则然，若自受用，则一色平等，即大圆镜智无可现。起就其光明普照则谓之大圆镜，就其本体一如则谓之平等性，其实一智也。此转灭尽末那，即成平等，逆转也。

  第八阿赖耶识转为大圆镜智：八识本体，本如来藏，无有境量而大，无有亏欠而圆，无不普照而如镜。由无始以来，七识划地忽生熏习覆障，将此执为内自我，遂成阿赖耶识。然本七识熏成有漏之体，非如来藏遂为拘碍缩小，蒙昧不可还复。在见道位中不得亲证，至不动地，七识不能拘执使成赖耶，则此识乍尔脱缚轻安，金刚道后，宿习消尽，入佛果位，刹那之间，大圆镜智即尔现前，七识灭尽，平圆镜智自显，还白净识，即圆镜智不持灭。

唯识今释

缪凤林

一、识义，唯义

将释唯识，先谈三义以明识，一义以明唯。

一者，识言，非有质碍之物，但指功能。

识有四名，曰心、意、识、了，或开为三，摄了入识。皆指功能，都无质碍。与昔人所言之肉心、今人之脑筋异趣。积集义是"心"义，积集即心，持业释，下思量等仿此。思量义是"意"义，了别义是"识"义，张目见桌上物之影像，是名曰了。从而分别彼此，是名曰别。识达义是"了"义。此之四名，八识眼、耳、鼻、舌、身、意、末那、赖耶。皆得通说各有是四种功能故，苟随胜显，则第八名"心"，集诸法种，起诸法故。如就集行相言，则通余七。第七名意，恒审思量为我等故。如就无间觉言，则通余七。前六名识，了别别境及粗显境故。如就了别细境言，则通余二。总是数者，概之以能变。法性离言，本不可说，唯识之教，即用显体。言其体曰如如，言其用曰能变，能则势力生起，运转不居，变则生灭如幻，非实有性。识言，离识外无别有法，而所谓识，亦不过一能变之功能，不居之幻相而已矣。

二者，识言，非局于根身，乃交遍法界。

识与肉心、脑筋异者，不但一无质碍、一有质碍已也，尤要在前者交遍法界，而后者则局于根身。识如何交遍法界耶？登山临

一、识义，唯义

水，所见至远，所闻至广，凡所见所闻之处，皆眼识、耳识、意识此名曰五俱意识，前五识起时，此意识必与之俱也。之所在。为问此所见闻者，在脑府内，抑脑府外？脑府仅数方寸耳，与所见所闻者较，殆如爪上土比大地土，牛蹄中水比四大海水，其非脑府所能范围，抑奚待言？识既在脑府外矣，此外言，但遮非脑府所能范围。此脑府外又未可数十百千里限也，故其量必同虚空而无极，是曰遍法界。此就种子言，须与下节合看，至识之现行，诚有随量大小而似未能遍者，则皆缘为之，例如局处室内，则室外不能见，室为之限也。注意一处则他处不能见，意识及遍行心所等为之限也。患近视者，远不能见，患远视者，近不能见。普通人亦皆不能望见极远，则根为之限也。如有天眼通者（此并非迷信，今陕西圭峰山尚有其人，余亲识某君夫人，亦能目缘二百里），则眼识可遍现矣。人之法界只一，有情各有八识，各一法界，即宇宙而皆交遍，详下。而眼识遍焉，耳识、意识遍焉，余五识亦遍焉，是曰交遍法界。本文凡言心，皆摄心所，心既交遍，心所亦交遍，如理应思。

谨按：近今西洋新实在论者所诠之心，亦已不局于根身。凡眼耳等识所能缘者，缘字，略当英文之 perceive，耳闻目见等皆属之。皆摄入心之范围，名曰心之内容（the content of mind）。如帛莱氏（R. B. Perry）实在论者之心观（A Realistic Theory of Mind），见氏著《近今哲学趋势》。霍尔脱（E.B.Holt）之论心（Concept of Consciousness），广明其说。惟彼等，皆主心外有境，独立存在，为心所缘，始为心之内容。与唯识之说，自是根本不同，而八识交遍，有情各有八识，而各各交遍之义，非彼等所知，更不待言矣。

三者，识言，为种子之现行，而其现行也必待缘。

识为功能，方其未起，不曰识，而曰种。种已现行（appeared），不曰种，而曰识种子者，潜在之功能。种子意，略当亚里士多德之 potentiality，严氏译为储能。《天演论序》，谓此名之立，旬月踟蹰，今得种子义较确矣。然唯识家所言之种子，又与亚氏所言迥异。前者摄藏赖耶，而后者则附属于胚胎谷种等，一也。前者，每一种子皆交遍法界，而后者则局于其所附托之物，二也。识者，即此潜在功能现行之异名也。以是之故，识一名现行。欲明种子之有无，即问有无此现行之识而可决。识之现行为现量所极成，则此生起诸识之潜在功能，种子。自可以比量而推知，参下建立种子。而是种功能一如识之交遍法界，更可不烦言而建立。然识之现行也，实待三缘。方余属稿至此，闭目思一适例，此目张而陡然了别案上笔砚等影像，此了别影像为眼识，眼识之生，必自有其能生眼识之功能，此即种子，为眼识之种子。依是曰因缘。又此眼识起时，必托眼根及色尘。设余为盲人，根或阙坏，虽有种子，识亦不起。此根指扶净尘言，尚有根，色根非此所明。此根为眼识之俱有依，是曰增上缘。或设案头无有笔砚等物，则必不能见笔砚等之影像，此笔砚为眼识之境界依，是曰所缘缘。此就疏所缘缘说，谓有物于此，能缘之识托彼而生（第二缘字意），而复变似此物之影像也（所缘意）。三缘备具，识始生起。眼识如是，余识亦然。《大论》（即《瑜伽师地论》）、《唯识论》皆言四缘，上三缘外尚有一等无间缘，谓心心所前聚于后，自类无间，等而开导，令彼定生。此语之意，盖谓一根同时不能生二识，必前念识灭，后念识方生。然《八识规矩颂》论识缘生，亦缺此缘，故上文仅言三缘。又增上缘中，除根外，尚有六七八三识、五遍行心所，及明、空等。所缘缘中，尚有亲所缘缘，皆略去不言。盖制作此文，专在示人方便，非在解释唯识全部知识。凡所取义，一以己意抉择，诸有欲专研者，原书具在，自求之可也。下有类此，不更述。此则有为之法，惟待众缘和合而生，心法三缘，色法除所缘缘。生无自性，如幻而有。唯识家所言之识，固与外道所计之常法异也。

四者，唯谓简持，遮无外境而有内心。

唯有三义，曰决定、曰显胜，而其最要者则为简持。简持者，简去我法二执，持取识相、识性。《唯识论》所谓"唯言为遮离识我法，非（遮）不离识心心所等"也。大乘究竟，曰转烦恼障得大涅槃，转所知障得大菩提。二障具生，由我法执，不执我法，即无二障，遣障得二转依，还惟破执。唯识云正，以依他起之识，遣我法二遍计所执，故《述记》云"唯谓简别，遮无外境。识谓能了，诠有内心"，至其所以以识遣执，亦自有故。世尊说教，随机所宜，由诸凡外计有实我，为说五蕴，下详。明无有我。小乘之徒，计有实法，说一切空，除彼法执。又复有人蹈恶取空，说唯识教，遣空有执，境无非有，识有非空。观此空有，遣彼有空，有空若无，亦无空有，故唯识言，但遮所执，诸执尽除，识亦随遣。若执实有诸识可唯，亦成法执，同于所破。

二、成唯识义

　　四义既明，进述唯识。概以一语，曰境无识有，或曰外境是毕竟无，内识是如幻有，或曰我法是遍计无，内识是依他有。试举例以明：

　　予见人

　　予闻雷

　　如常人之思想，则予为我，为能见能闻者，人与雷为法，为所见所闻者，此处"能"略当英文之 subject，"所"略当英文之 object。我法实有，而见与闻不过我之二种功能。如唯识家言，则执有予即为我执，执有人雷即为法执。此二，情有理无，见与闻为眼识、耳识，待缘生起，理有情无。

　　云何惟有见闻，代表识。而予代表我执。与人雷代表法执。不可得耶？将欲明此，当首辨识之三分，设有人于此，目见之而知其为人，有雷在空，耳闻之而知其为雷，此非执有人雷，盖为言说方便计，假设安立，后当明此亦在识内而非外。然此人此雷，甲见之闻之，与乙见之闻之，异焉。乙见之闻之，又与丙见之闻之，异焉。有情无量，则此见闻之相异也，亦无量。又同此一丙，同此人雷，在甲处位置之所见所闻，与在乙处位置之所见所闻异，甲乙二点之间，点之位置无量，则此随点之位置而异之所见所闻，亦无量。由是目所见之人，与耳所闻之雷，随人而异，随人之位置而异。此所见所闻，必非若人与雷之自体，惟是各人交遍法界之眼识与耳识之种子，托人与雷，依目与耳_{即根}而变现之影像，至若人与雷之自体，则永非人之耳目所能亲缘。

谨按：所见所闻，随人与随点之位置而异。英彦罗素哲学中之科学方法言之颇详，然唯识家之意，又自与彼不同。罗素谓两点中有无量数点之位置，同观一物，随点之位置而差异。_{原文作 perspective, point of view, 译云观察点。}此唯识家所认可也。然彼又谓，物者即此无量数之观之总和，与唯识家遂南辕北辙，唯识家惟认有情识种相互交遍，各人所缘，各由自识变现，一人眼耳等识所缘，亦各由自识变现。一人有一人之识，一识有一识之相分，虽交遍而界画森严，绝对不能加和，一也。就相分言，现量证时，真而非妄，而此现量所证得者，唯是识所变相，而非是物之自体，不能谓为即物，二也。此物自体，唯识家名曰疏相分，_{疏所缘缘之相分。}或曰本质尘。略似康德之 Ding-An-Sich。日人译云物如，仿真如而立名，不知真如为空理，而非是体，实至不通。今当正译为疏相分或本质尘。然康德之本质尘为不可知，而唯识家之疏相分则为功能。康德之本质尘在个人心意之外，而唯识家别立八识，此本质尘为八识之相分，仍在识内而非外。此中理趣，广如下辨，兹仅明其同异，免浅人之附会混淆而已。

又此人此雷之影像，虽由识变，而非觉性。当人与雷之影像起时，同时同处即有了别此影像之功能发生。此能了别之功能，亦系交遍法界之眼识与耳识之种子，依目与耳而托人雷之影像而起。_{此即名曰亲所缘缘。}此识所变之影像，唯识家名曰相分。此识所变能了别影像之功能,名曰见分,亦曰行相。见为能缘能觉,相为所缘所觉。见是能别,相为所别。因此见分有能缘、能觉、能别,或"能"等名,相分有所缘所觉所别或"所"等名。见托相起,相夹见生,同为识变,以义用之差别分为能所,即谓一识体有是二种功能耳。所以名为分者,以二皆待缘生起,刹那生灭,详后。有生灭之用,名之为分,所以简于常一之体也。此相见二分,所依之自体名事,唯识家名曰自体分。相、见皆由自体分变现。

谨案:自体分变现相见二分,初学难了,兹姑方便开示,如前言此目张,而陡然了别案上笔砚等影像,影像为相分,了别影像为见分,即此张目之一刹那间,眼识种已转变为自体分,自体分已变现相见二分矣。识种变自体分曰种生现,即因能变,亦名转变。自体分变现相见,曰现生现,即果能变,亦名变现。自体分一名自证分,惟自体分指相见所依止之体,而言自证分,则就缘见分之功能而言,故义有殊。无著《摄大乘论》,只立相见二分。陈那《集量论》,始立自证分。护法又立证自证分,亲光《佛地经论》同之。后二分之建立,主旨在解释记忆,意谓缘相之见,如不被缘,则此见后应不能忆,以不被缘故,如不曾更境。然昔日之见,今竟能忆,故知见分起时,同时有自证分以缘见,如自证缘见,证自证分即缘自证,至缘此证自证者,又为自证。以此二皆现量摄,可互相缘,故不必更立第五分。见分或量或非量,不能缘自证,故必立第四分。此护法立四分之理趣也。四分义详《述记》卷十五。近人言者多误,实则苟明相见,即不难了,阅者细绎上文,可知矣。然细审之,护法之说亦有可议,彼以不曾更境必不能忆为喻,证见能被忆必曾被缘。即自证缘见。夫境(相分)之被忆以曾被见缘,固也。缘相之见之被忆,安知非由此见之曾缘此相?如是,相之被忆,以曾被见缘故；见之被忆，以曾缘相故。缘见之自证，即可不立；缘自证之自证，更不待言矣。余友景君幼南首发此论，详见彼《见相别种辨》，诸有知者，应加三思！

明乎此则上所言"予见人""予闻雷"，苟加分析，见闻为交遍法界之识种之现行，所见闻之人与雷，非人非雷，不过识所变之相分。能见能闻者，亦非是予，不过识所变之见分，而所谓予者，其目其耳与神经系，不过眼识耳识依之而生，为识种现行之增上缘。眼识耳识未起时，其耳与目盖与木石无殊者也，此非惟有见闻而予与人雷不可得耶？然识所变之影像，非人似人，非雷似雷，非外似外，识之外。愚者不明其所以，当影像生时及生后，即有意识妄加分别，遂生外想。由是执其所见闻者，为人为雷，又见分虽与相分同处，因托眼耳而起，非内似内。根身之内。方其生时及生后，亦有意识妄加分别，执为予之耳目之功能，而别有所谓予者，具足是种功能。此则我法之所由兴，真相之所由泯，元元之民能悟知其非者，余诚未之多觏也。惟然，愚夫所执实我实法，悉是遍计所执，都无所有。而识所变之见相，为依他起性，幻有非无。《唯识论》云，外境随情而施设故，非有如识，内识必依因缘生故，非无如境。由此便遮增减二执，唯识理善巧安立。

上来略明唯识意旨，如欲明白了解，应更广陈异门，摧邪显正。且异门者，谓有朴素实在论者，起如是见，立如是论。外物在前，张目见之，此所见物，惟是物之自体，非是识变相分，故有瓶则见瓶，有大人则见大人，有小人则见小人。一人如是，多人亦然。既吾人所见多同，故人之相分即本质尘非余。

按：此固常人之思想，然希腊哲学家除德谟克利泰（Democritus）、普罗脱哥拉（Protagoras）外，鲜有能超脱此种见解者。虽以亚里士多德之崇伟，其思想似亦与此无大别。盖渠先假定二事，外界存在，一也。在外界何如，则在内亦何如。如外之红者，在内亦为红，二也。至印度则小乘中有正量部者，亦同此计，《述记》第七称正量部不立似相，直前取境即名为缘。

此计非理，例如见瓶，眼唯见色，而瓶则通色声香触，岂见色时，全见瓶体？瓶体非眼所见，非唯色故，犹如声等。若谓瓶体众分和合，色为一分，由见色故言见瓶者，所余香等既不可见，应从多分言不见瓶。若谓色分是胜，见色言见瓶者，无论色不如香，藉如其言，此所见者必非瓶之全体，云何可云见瓶如实瓶耶？若谓眼根取色不得瓶体，众根和合可得瓶者，既一一根不能取瓶，而一一根其境各异，如何和合而能得瓶？不仅此也，眼固不得见瓶，亦且不能见色，所以者何？汝所执瓶，实有障碍，有障碍色，必有容积，而汝所见，仅有一面，非能全见上下前后左右。又有障碍色，必可分析，析至极微，即非色根境，是故诸色皆不可见。然则世间共知瓶色可见何耶？曰：世间所知，惟有自识所变相分，假说可见，非实外色。谓见外色，此所变相，即本质尘，悉是意识妄计分别，详此理趣，如《广百论》，诸有智者应自寻研，恐有劣慧闻此难了，更设数难略示方隅。

一者，相为功能难：如前所明，相分托质生起，为识之一种功能，此识所托之本质，识未缘时仍属存在。例如晨起早餐，与父母兄弟同室聚首，餐毕赴校，父母兄弟虽不能见，固在家非无。苟相分即本质尘者，应相亦常起，以非常起，故知非一。

二者，相随缘异难：手箸观之，明见直也。置之水中，视同两折，以手触之，又觉非曲。又此箸，远观则细，近观则粗，电灯下视则明现，油火下视则呈黑，同一箸也，眼识身识所缘各殊。同

二、成唯识义

此眼识，空中、水底、远、近、明、昧所见悉异，设相分非随缘变现，谓即本质，乌有是理？

三者，相不属质难：有尿粪于此，人嗅之而觉其臭，此臭也不触于鼻，则不之知。或其鼻已受损，虽嗅亦不之觉。故知此臭，惟鼻识所变之相，不在尿粪。且同此尿粪，狗则喜食，蛆则安居。庄生所谓毛嫱、丽姬，人之所美，鱼见深入，鸟见高飞，可知色声香味，全属识所变相，而非本质所有，何能谓本质即相？

四者，意识难解难：意识遍缘一切，不仅诸识所缘者，意识遍缘，凡有名言种子，意识亦莫不缘之。当意识缘时，托质者则变有相分，不托质者，如缘龟毛、兔角。亦有遍计所执相，如谓相即本质，则应意识所缘悉是亲取。如是身局斗室，亲取九有，足限地球，亲取火星，其为虚谬，不问可知。

证此非理，内宗外道靡不详陈，恐嫌繁文，略述且止。如保罗生之《哲学导言》（Paulsen, Introduction to Philosophy）以三理征，西那氏之《哲学要义》（R.W.Sellars, The Essentials of Philosophy）以六理难，上述四义多取彼等之说。又《大智度论》卷三十六亦论及此问题，其言曰："问曰：影色像色不应别说，何以故？眼光明对清净镜故反自照见，影亦如是遮光故影见，无更有法。答曰：是事不然，如油中见像黑，则非本色，如五尺刀中横观则面像广，纵观则面像长，则非本面，如大秦水精中砧，砧中皆有面像，则非一面像，以是因缘故非还见本像。复次，有镜、有人、有持者、有光明，众缘和合故有像生，若众缘不具，则像不生，是像亦非无因缘，亦不在因缘中，如是别自有法非是面也。"

代表实在论者，闻是说已，又兴如是见，立如是论，谓相分有二，曰显色，曰形色。前者为色声嗅味，存于吾人之心意。后者为大小厚薄，根于事物之本性。前者为识所变，而后者则本质尘自有，为眼所见。

按：此说创自希腊之普罗脱哥拉氏与德谟克利图氏，近世意之格里辽（Galileo），法之笛卡儿述之，而英之洛克窃焉。近人于显色，Secondary Qualities 译第二属性或次性；于形色，Primary Qualities 译第一属性或初性。今以佛藏语正。惟佛典言显色，指青黄赤白，余显是此四色差别。而洛克之次性，统举声色嗅味，佛典言形色，指长短、方圆、高下、正不正，而洛克之初性，则仅及大小厚薄，是其异耳。印度小乘有部，谓此八形色极微各别，各有别体，大乘破之，文不多见。西洋破此说者，首推巴克烈（Berkeley），详见其大著《人知原理》（*Principles of Human knowledge*），继是哲学家多崇之。惟今日之科学家，犹有奉洛氏说者，此则为可哀耳。

此更非理，相分识变，上已极成，汝所执形色定非本质有，汝许是相分摄故，如显色。此非唯识家意，聊以诘其矛盾耳。又今当问汝随汝意答，如是形色为离显色青黄赤白。而有，为即显色而有耶？若离显者，应非眼见，离青等故，如乐音等。若即显者，应如显色亦非眼见，前已广破，兹不重述。然形离显外，实别无有。故知形色，但依青等显色，分位假立，起于计度，而非本质尘实有，其理极成。

唯我论者，又兴如是见，立如是论，谓外物之为吾人所知者，仅有显色形色，而此显色形色，皆缘吾人之心而有，故凡属身外之境，概不自存，存于吾心之觉知。所谓"存在，即被吾人觉知之谓。To be is to be percieved."换言之，吾人所缘之境，惟是"意识相分"。Idea 通译观念或意象，后者较适。此相分由吾心造，不托本质而起，相分外亦别无本质。

巴克烈破洛克后，作如是计，亦见渠《人知原理》。西人名曰唯我论（Solipsism），然氏实首鼠两端，未敢有如是极端之主张。盖唯我论一切皆我所造，不认他心之独立存在。诚作是说，则氏之父母妻子，其自性亦悉无存在，以氏一怯夫，何来此胆量。至是氏乃通变其论，谓外境之存在，姑无论其在吾心与汝心，必存在于一心。（It must exist in relation to some mind.）而保证此感觉世界之永存者，则为上帝之心，其说之幼稚，至堪发噱。然西方哲学家多凭小慧以立言，当其顺逻辑之理论，觉其说有不能通时，则请出上帝以解围，而不自知其丧失哲人之态度，固不独伯氏然也。兹所欲明者，即真正之唯我论，自在天等一类外道为一神论非唯我论。印度固无其人，西洋亦从未闻此说，康德于其纯理批判中斥伯氏为唯我论者，妄也。

　　此计非理，所以者何？汝谓存在即被吾人觉知，充其量只能谓凡为吾人所知者，必构成吾人之意识相分。或意识相分，惟是意识相分，断不足以证明宇宙一切悉系意识相分，此相分外别无本质，更不能谓此相分不托质而起，惟凭吾心而造。如谓身外之境即系意识相分，许所觉知故，则此立因有不定失，以斯奈克（Snark）与卜占（boojum），汝所许为毕竟无者，一经言及，亦系意识相分。此所觉知，因于同异，品皆共遍有，因如何成？故汝所说，但有虚言，都无实义。

　　谨案：自巴氏否认外物本质尘。存在后，西洋学者鲜有能从论理方面指出其谬误者。实则其所立量，正落在九句中之第一句：同品有异品有，与声论师立声为常所量性，故喻如虚空之量无殊，此中常宗瓶为异品，以瓶非常，声论师亦承认故。如是所量性，因于同异品皆共遍有。故其说可不烦言而破。北美新实在论者帛莱氏著《唯我论辨》（Perry, *The Ego-Centric Predicament.* Jour. Of Phil. Psych, and Sc. Methods,

Vol. VII, 1910, No.I）其意与上文大致相同，盖氏生平最有名之著作亦西洋攻击唯我论者最有力之文也。其言曰，唯我论者之前提，为凡经吾人觉知之物，系一意象，或凡一意象为一意象，而彼等所需要之前提，则为凡物惟是一意象，或世间惟有意象存在。前望于后，本无关系，而彼等运用穆勒约翰之求同法，J. S. Mill's Method of agreement 见凡为吾人所觉知者，必构成一意象，因谓一切事物，悉系意象。容讵知穆氏之求同法，必与求异法（the method of difference）相辅，方为有效，而彼等则求异法，完全不能应用。盖即世间真无之物，如上文所举之斯奈克、卜占。一经思及，亦已成为意象，彼等固不能举出世间真无之物，而又非构成意象者也。无求异法之求同法，不可或恃，彼等单用求同法所建立之前提，其属谬幻，不待言矣。今按穆勒之求同法，即因明之同品定有性，求异法即异品遍无性。三支之学，古称难晓，实则其理亦至简明，宗非因不立，喻随因而设，能立能破，不在宗喻，要在立因。因有三相，曰遍是宗法性，曰同品定有性，曰异品遍无性。例如声是无常，所作性故，同喻如瓶盆，异喻如虚空，此一量也。声为有法，所作性为因法，凡声必是所作性，二俱极成，是曰遍是宗法性。意谓因亦一法，即遍是宗中有法之法也。凡所作性，悉是无常，喻如瓶盆，是曰同品定有性。无常，本宗中之法，敌先不许，而所作性为无常，则为敌所许。如是以共许因在宗中有法之上，成不共许宗中之法，其量始能建立。试以代数表之。

设声＝A　所作性＝B　无常＝C

A＝B 即 A－B＝0　B＝C 即 B－C＝0

相加 A－C＝0 即 A＝C 即声是无常

苟宗于因，一有例外，即似能立，故必加以简别。凡有常者，必

二、成唯识义

非所作性，喻如虚空，是曰异品遍无性。三支总纲，略具于此，诸有智者，应更求详。

上来说理，稍近专门，兹更略设数难，征其非理。

一者，他心无有难：

如谓一切惟心所造，则除一己外更无他心，实属必至之论理。故今应问汝，无始以来，除汝一人，更有独立存在之第二人否？如其有之，则谓意象不托本质，不应道理。如其无之，则人世历史书契制度文物，由谁安排？今日五洲各国交通会同为实为虚？汝由谁生？由谁养育？他心实有，人天共了，执惟有我，天爱非余。《述记》言天爱者，以其愚痴无可录念，唯天所爱，方得自存，如言此人天矜故尔，故名天爱。

按：唯我论不认有他心，犯现量相违，比量相违，自教相违，世间相违，自语相违等无量过失。其理之不能成立，盖可无待辞费。然自伯克烈提出此问题以还，西洋哲学家大受其窘。至近日之实在论者，亦苦无善说确明其非，如罗素之哲学中之科学方法，虽先安立他心存在而后立论，然仍一再声言此系假定，不过此假定系合理而已。客岁杜里舒来宁，谈及"他心问题"（the problem of another ego），谓我外之多数之我，非直接自明之一事。余虽极愿认他心之存在，惟积极肯定则犹为难事。返观我宗，则此等皆不成问题，盖认有情各有八识，有情一名含识。而有情乃无量也。《唯识论》云："若惟一识，宁有十方凡圣尊卑因果差别？谁为谁说？何法何求？故惟识言，有深意趣。识言总显一切有情各有八识、六位心所、所变见相、分位差别、及彼空理所显真如。识自相故，八识。识相应故，心所。二所变故，色法。三分位故，不相应行法。四实性故。如是诸法，皆不离识，总立识名。"嗟乎！人之迷觉之相越，果一至于是哉！

二者，处定不成难：

设相分不托质起，则非缘紫金山处缘此识应生，执实无本质尘识得生故，如缘紫金山处。然今缘紫金山，必在南京，其处决定。故知紫金山相相分。必托紫金山质，本质尘。以处决定故，如缘紫金山处。

三者，时定不成难：

设相分不托质起，则非缘满净月时缘此识应起，执本质尘实无识得生故，如缘满净月时。然今缘满净月必在十五夜，其时决定，故知满净月相必托满净月质起，以时决定故，如缘满净月时。

按：《唯识二十论》，外人难外境无，开宗明义即标此二难，论主以如梦答之。天亲之书，观察论端，方兴言论。此在因明，曰论出离，谓立论者先应以三种观察（一观察得失，二观察时众，三观察善巧及不善巧），观察论端，方兴言论或不兴论，见《大论》卷十五。其说在当时自无有失，然今日读其书者亦正未可执著。盖就前六识言，唯识家亦许有本质尘，惟此本质尘，非六识所能亲缘，一也；但有能义，二也；为八识之相分，三也。如下安立。

故上文难唯我论者，仍用其说。若必执《二十论》如梦之言以讥，余亦断然不受。如梦云者，仅喻诸法自性都无，执为实有，悉是遍计所执，与梦中所见无殊,觉来了无所有耳。过此而欲相喻，即非极成。以梦为独影境，其相见不托本质而起。缘紫金山与满净月，则为性境，其相分托质而起。虽云性境，依他缘生，有而不实，其相如梦，所托质亦是虚妄分别。然仅就托质与否而言，固可相提并论也。观《二十论》外人第三难，以同一山处及同一时间，有多有情皆共缘见，征知非实无外境。天亲即不以梦喻，而以饿鬼同业异熟多身共集,皆见浓河为言,此果何为而出此耶?亦曰梦中虽见人而实无他心,而醒时则有他心耳。诸不知三境,而惟执如梦之佛教徒,幸参此意。

四者,相分变异难:

置水花瓶,入室就卧,中夜严寒,翌晨起视,水冰瓶裂,春日播种,移家他适,历夏至秋,复返故地,谷实粲然。如谓相分不托质变,则当夜间及夏秋时,识不生起,此瓶中水,此地上禾,悉归乌有。而吾心当晚间则造瓶中有水之相分,至晨又造水冰瓶裂之相分,于春日则造播种于地之相分,至秋季又造谷食粲然之相分,此实逻辑必至之结论,而为汝宗咋舌而不能答。若如我宗,则相必托质,六识之相虽不起,八识之质仍变异,逾时复缘,相随变异。如是处处通达,谁有知者而不信受。

如是理趣,欲言不尽,已足破邪,且止于此。新实在论者,证明外境虽心意不缘仍独立存在,其理由散见罗素之《哲学问题》及《哲学中之科学方法》,帛来氏之《近今哲学趋势》及其与霍尔脱等六人合著之《新实在论》(New Realism)上,第四相分变异难,即彼等重要论证之一,其意见于罗素之书及新实在论中者,惟彼等不立八识,终是识外有境,破人则是,自立则非耳。已显异门非理,故我所说有情亲所能了,惟是自六识托自八识所变质而变于相,意识或托或不托。理善安立。

三、破我执

诸外人闻是说已，皆设难曰：汝宗所明境无心有，今谓见人闻雷必托本质，即谓所见所闻惟是识变，然变必托质，质固外境，识外有境，唯识何成？若如我宗，我法实有，如前人雷，识托变相，是亲能了，而此我法，识外实有。答曰：唯识大乘双破我法，孰不闻知前说。人雷方便施设，但有功能，初非实有，而此功能又为八识相分非余，今当广明此中理趣，恐汝外道固执我法，随言计执，且先略破，次申正义。

且破我者，圣教说我不出五蕴者。蕴者，积聚义。何者谓五？一者色蕴，谓四大种坚湿暖轻。及所造色；见下。二者受蕴，谓感觉；能领纳境，起苦乐舍（不苦不乐），名受略当英文 sensation。三者想蕴，谓知觉；能取于境，有相无相，无量无少所有分齐，名想略当英文 perception。四者行蕴，谓作意及行为；思，造业恶无记（不善不恶）分位及余心所等，迁流名行，范围最广，其少分略当英文 Volition。五者识蕴，谓八识，俗所谓我。悉由是五蕴和合而成，幻有非常，异生、外道不能如实了知，别执常我，恒存不变，印度佛法外道皆承认无常非我，佛法破我，不过将外道所执之常我，证明其为非常或无有而已，无常既不认为我，故经论中亦无一破无常之我者。总计所执不出三种：

一者即蕴，世间异生皆为此计，详见《大论》第六，《显扬》

三、破我执

第十同，笛卡儿以思为我亦同此计。

二者离蕴，数论、胜论、离系兽主遍出等皆同此计，详见《唯识论述记》卷三，《广百论》第二三卷，及《大论》第六。亚里斯多德之苏格（Psyche）、耶稣教之灵魂亦同此计。

三者与蕴非即非离，犊子外道、正量部等作此计，详见《俱舍》第二十九并三十卷说，《唯识论》卷一亦叙破之。

初即蕴我理且不然，彼宗计我为常，而蕴非常，设蕴即我，我应非常，以即蕴故，犹如蕴性。即如笛卡儿谓，思即是我，思在故我在，是则深睡闷绝无思之时，即无有我矣，故不应理。中离蕴我理亦不然，蕴外无我，彼宗计我离蕴，定非实我，蕴不摄故，如虚空等。后俱非我，理亦不然，彼宗执我，许依蕴立，非即离蕴，应非实我，许依蕴立，非即离蕴故，如瓶盆等破我理趣，诸论无穷。《瑜伽》《唯识》及《广百论》智者应读。《大论》第六，《唯识述记》卷三卷四，《广百论释》卷二卷三，破我之说皆极深通，然其文义奥衍，初学颇难理会，则应取《太炎别录三》"人无我论"一首读之。此文大意翻自《大论》，破外之处亦无谬误，惟言及如来藏阿赖耶则大违《大论》《唯识》之旨耳。

已破我执，当破法执。圣教说法不出二种：一者有为，二者无为。诸有为法皆待缘生，心法则待三缘或四缘，如前已辨。色法则待二缘，除所缘缘，如谷种与日光水土等和合而生秧稻。此谷种望秧稻为因缘，日光水土等则为增上缘。如是心法、色法决不从自生，以自生者识种应不待根境等而能生，谷种应不待日光水土等而能生，而今不然，故非自生。亦决不从他生，以他生者，则应境不因识种而生识，水土不因谷种而生秧，而今不然，故非他生。亦决非自他共生，以共生者，有自生、他生二过，而自生、他生，上已破故。亦决非无因生，以无因生者，则无谷种处应生谷，无

~ 73 ~

麦种处应生麦，而今不然，故非无因生。四生非故，待缘生法，理不倾动，诸法待缘生故，故生已即灭，方灭方生，体无常住，喻如春日播种，三秋获稻，由秋而之夏，则秋时之稻必非夏时之稻，由夏而之春亦然。推而至于由昨日至今日，由前刹那至后刹那，此后刹那之稻，亦决非前刹那之稻。

谨按：刹那者，时极短之谓。《西域记》卷二云："时极短者，谓刹那也。百二十刹那为一呾刹那，六十呾刹那为一腊缚，三十腊缚为一牟呼栗多，五牟呼栗多为一时，六时合成一日一夜。"据此一日一夜，共有六百四十八万刹那。刹那生灭亦名顿起顿灭，顿灭非常，顿起非断，非断非常，缘起正理。此实唯识家至精之论，为西洋科学家所未曾道。西人言变之说，异此，见下。《庄严》十一以十五因总成立内外诸行是刹那，复有九因成内，心法。十四相、十四因成外，色法。十相义丰文繁，最擅胜场。心法念念生灭，异生共了，色法下谈造色，当更别详。兹录其总者十义曰：

第一，由起者，诸行相续流名起，若无刹那刹那灭义，而有诸行相续流名起者，不然。若汝言，物有暂时住次时，先者灭，后者起，名相续者，则无相续。由暂住时，后起无故。

第二，从因者，凡物前灭后起，必藉因缘，若离因缘则无体。故若汝言彼物初因能生，后时多果者，不然。初因作业即便灭尽，岂得与后诸果作因？若汝言，初因起已更不起者，建立此因复何所用？若汝言，起已未灭，后时方灭者，彼至后时，谁为灭因？

第三，相违者，若汝复执是能起因，复为灭因者，不然。起灭相违，同共一因，无此理故。譬如光暗不并，冷热不俱，此亦如是。是故起因非即灭因。

第四，不住者，若汝言诸行起已得有住者，为行自住为因他住？若行自住，何故不能恒住？若因他住，彼住无体，何所可因？二俱不尔，是故刹那刹那灭义得成。

第五，无体者，若汝执住因虽无，坏因未至，是故得住，坏因若至，后时即灭，非如火变黑铁者，不然，坏因毕竟无有体故。火变铁譬我无此理。铁与火合黑相似灭，赤相似起，能牵赤相似起，是火功能，实非以火变于黑铁。又如煎水至极少位，后水不生，亦非火合水方无体。

第六，随转者，若汝言，若物刹那刹那新生者，云何于中作旧物解？应说由相似随转得作，是知譬如灯焰，相似起故起旧灯知，而实差别，前体无故。

第七，灭尽者，若汝言，云何得知后物非前，应说由灭尽故。若住不灭，则后刹那与初刹那住无差别，由有差别故，知后物而非前物。

第八，变异者，若汝言，物之初起非即变异者，不然。内外法体后边不可得故，由初起即变，渐至明了，譬如乳至酪位，酪相方现，而变体微细难可了知，由相似随转，谓是前物以是故，刹那刹那灭义得成。

第九，因者，若汝许心是刹那灭，彼心起因谓眼色等诸行，彼果刹那灭故，因亦刹那，由不可以常因起无常果故。

第十，果者，彼眼等诸行，亦是心果，是故刹那灭义得成，由不可以无常因起常果故。

如是一切有为法，刹那生灭，理不倾动。前因灭位，后果即生，如秤两头，低昂时等。因灭非常，果生非断，非断非常，会契中道，异彼僻执或断或常。然有须注意者，此顿生灭有异迁动，大地山河即此刹那才生即灭，前不待后，此不至彼，各住本位，自性湛寂。若海拉克来图氏（Heraclitus）之言，一切皆变，变有去来。科学家之言动，动有所至。柏格森之言绵延，变有迁流，拟我内法，毫厘千里。问：因现有位，后果未生，因是谁因？果现有时，前因已灭，果是谁果？答：此中正理深妙离言，因果等言，皆假施设。观现在法，有引后用，假立当果，对说现因。观现在法，有酬前相，假立曾因，对说现果。问：此因果理何故如是？答：惟其如是，所以如是，法尔道理，更无可说。何谓法尔？如下当办。

诸法待缘生故，故自性本空如幻而有，喻如众缘合而眼识生，移时合眼，杳不可得。合手作叉，手散叉无。以巾作兔，散巾无兔。此诸法生体，本无常住自性。本空之理，为而无为，是用之性，即用而显体，体名真如。此为而无为法，即是诸法实性，无颠倒性，与有为法不一不异，体唯一味，随相分多，或说二种，谓：生空无我理，法空无我理。或说三种，谓善、不善、无记。真如是此三法真实性故。如是增数，乃至穷尽一切法门，皆是真如差别之相，而真如体非一非多，分别言说，所不能辨。

谨按：真如为佛法上一大问题，唐以后，此土言佛法者，因受贤首宗之流毒，奉《起信论》为鸿宝，其言真如，指一不生不灭，离言说相，离名字相，而能生万法之体。于是与外道自性神梵，仅有名相之差别，其实则未有异。下破法中，当略及之，此不具述。兹所欲明者，舍一真法界而就二空所显以为言，则真如乃万法本然之理，与万法不一不异，而为万法之实性，无颠倒性。例如，诸行无常，此无常诸行，自性本空之理，即真如也。有漏皆苦，此苦自性本空之理，亦真如也。我法皆空，此我法自性本空之理，亦真如也。上言无为或开为二为三，增数乃至穷尽，亦即此意。真本无有，待俗始有。如以万法之生灭，而万法自性本空之理存焉。因遮此理，非妄倒故，说此理为真如。故真如言，遮

三、破我执

而非表，非别有体，此自性本空之理，即寓于万法生灭之中，离生灭法，更无此真如，故曰不异。然此生灭法，是无常，而此无常之理为常，故曰不一。又此诸法自性本空之理，即诸法之实理，其空性空相，亦即诸法之实性实相，故曰真如，为诸法之实性，无颠倒性。希腊哲学家海克来答斯，谓万法皆无常，常者惟有此万法无常之理。余敢大胆声言，若仅据此无常之理为常一语，与佛家俗谛中所诠真如曾无有异。惜海氏之言变，有类流转，其所诠常理，离无常法外，别有存在，相差遂尔悬绝。而佛家所说真如，范围又不限于无常耳。若就胜义谛言，则此真如亦空，以诸法空性、空相、空理，本尔如是。真如云云，本系安立也。

曰：然则正智缘如者何耶？曰正智缘如，即实证此万法自性本空，泯绝言说，恰如其量，而更不起增减之执。契经所谓"善男子，于所了知真如义中，都无有相，亦无所得"，非除正智外，别有真如也。若执离正智外，别有真如，为正智所行，即是外道自性。清辨法师《掌珍论》第二卷云："于胜义谛真如亦空，非别实有正智所行，离言法性。若言实真如，虽离言说而是实有，即外道我名相差别。所以者何？彼亦计我虽是实有，而离分别，以非语言所行处故。分别觉慧所不缘故。我相既尔，而复说言缘真如智能得解脱，非缘我智，此有何别？并无言说有实性故，惟执朋党说，如是言故，我不能信受如是似我真如实有非有。"基师《料简》卷四亦云："诸外道说自在天、太梵、时、方、本际、自然、虚空、我等，是一是常，能生诸法。尔说真如，随妄缘合起色心等，与彼何殊？又数论师三德性，随我思缘，起造诸法，所成大等相虽有异，后转变时，还归大等，故说大等皆无灭坏。今说真如起色心等，息妄归真，还即其性。然说性常色等生灭，此乃所立劣数论宗故灭,学徒不应依止。"诸谈佛法者,慎无再以真如为口头禅,使诸外道知之,笑其道之已广被我内法也。

如是有为无为,或说为依他起性、圆成实性。以有为法皆依他生,此有故彼有,此生故彼生故;无为法遍一切一味,圆满成就,实在不虚故。或说为世谛、一名俗谛。胜义谛,一名第一义谛。以有为法生无自性,虚妄幻现,惟世俗有,胜义无故。此仅就二谛言,如就基师真俗各四重言,则此世俗亦胜义有。无为法是无分别,最胜圣智所证境界故。异生外道,不能如是真实了知有为无为,于依他起性、圆成实性,横兴执著,周遍计度,名假安立自性差别,乃至为令随起言说。此所计执,如空华等,性相都无,一切皆名遍计所执,是即我执、法执是也。

四、破法执

我如前破,今破法执,略述四种:

一者,执森然外物,离心独立,能触吾感觉,或刺激吾心,体是实有。

希腊哲学家多作如是计度,近世笛卡儿首疑外界之存在,而继之者仍多信之,英之十八世纪之李得(Thomas Reid, 1710—1796)其最著者,康德以批评哲学自命,于此点亦从不怀疑。《纯理批判》叙论中有云:"外物存在问题,在吾心中向不成疑问。"盖氏以知识之始,原于感觉,感觉之起,必有外物刺击而后能。而此外物,则离吾心而独立存在也。

此说非理,汝所执外色,为有对耶?为无对耶?若为有对,为和合耶?为极微即原子。耶?若为和合,定非实有,以是和合故,犹如瓶盆。若为极微,则此极微为有质碍,为无质碍?若有质碍,此应是假,许质碍故,如瓶等物。若无质碍,应不能集成瓶等,以无碍故,如非色法。又汝所执极微,为有方分,为无方分?若有方分,体应非实,有方分故,如蚁行等。若无方分,应不能共聚生粗果色,无方分故,如心心所。

印度极微论者,外道有胜论、顺世,小乘有旧萨婆多、新萨婆多等,西洋则希腊之鲁克蒲氏 Leucippus 始为此说,其弟子德谟克利图氏继而光大之。近代科学家之原子论,于数量方面虽时有增加,而其学理,则大抵不能出德氏之范围。而《唯识论》,破极微论,返复辨析,最为详瞻。上所述者,特其初步,读者可自求之也。若囿于浅薄之科学知识,不能信受此中学理,则可取柏格森之《物质与记忆》读之,看原子实在论尚有存立之余地否。

余无对色,定非实有,许色所摄故,色种类故。如有对色,或定非实色,以无对故,如心心所。

二者,执有上帝,体实遍常,能生诸法。

如此类计,印土极多,若大自在天、太梵、时、方、本际、自然、虚空及我等,皆异名而同实。广如《大论》中叙破。中土则老子之自然稍与彼同,《述记》卷六亦有此说。西洋则耶稣教神学之有神派(theism)其最著也。

此执非理,凡能生他者,决定非常,故汝所执上帝,应非是常,是能生故,如地水等。又定非遍,以非常故,如瓶等物。又非真实,以不遍故,如盆等物。

三者,执有自性,体实遍常,万物悉由是转变而出。

吠檀多派名之曰梵,数论名之曰自性,《大乘起信论》名之曰真如,西洋客观唯心论者名曰客观心,或曰 the Absolute, the God, the Good, the infinite Substance, the ens realissimum, the universal Will, 就中以海羯尔之客观心 Geist 最为近似。皆名异而实略同。所异者,即在吠檀多派、起信论者,以所转变之万法为妄,而数论与客观唯心论者,则以所转变之万法为真耳。

此亦非理,汝所执自性为是有为,为是无为?若是无为必无作用,应不能转变,以是无为故,犹如虚空,而今自性能转变生

~ 80 ~

四、破法执

起他法，故知必是有为，非是无为。故汝所执自性定非是常，以是有为故，犹如瓶盆，非常则非遍，非遍则非真实，如前已破，如理应思。

四者，谓人世现象，纷纭万殊，而有绝对观念，真实常住，待缘显发，能为定量，表诠现象。

印度声相论等作如是计，广如《大论》第三叙破。西洋名曰唯实论（Realism），始自柏拉图之观念世界，近今新实在论推阐其说，主之最烈。彼等谓世界有二：一者，感觉之世界（perceptual World），吾人感官之所接触者是；二者，概念之世界（Conceptual World），吾人理知之所探讨者是，此概念世界亦曰逻辑之事物，真实常住，无始无终，此据罗素之《哲学问题》，原文为 Subsist，此字有二义：一者，虽存而非必为人世所知，必经人探考而得明，例如甲等于乙，乙等于丙，故甲等于丙。此甲等于丙，初虽存在，经人之推阐而始明之者也。二者独立永存，无始无终。可以人之理知发现之。换言之，即以理知为缘，彼始显了是也。此概念世界既已显了，即能为定量诠表感觉世界，可用为"控御与指导之原理"（Principles of Control and Guidance），较之感觉世界尤为真实。广如施包亭之《新理性主义》（Spaulding, *The New Rationalism*）等书中说。

此亦非理。名言概念，起自含识分别计度，始能诠表，体非常住，诸常住者必不能诠表故。汝所执绝对概念，应非常住，许能诠表故，如所余概念。

新实在论者，认有非绝对概念之概念，故上所立量确定不移。恐有愚痴难以信受，试更引《大论》，破从缘显了论之言，广明其惑。论文虽兼破因中有果，又其显了之范围广被诸法，然其理则一，读者当活看。其文曰："应当问彼，汝何所欲？为无障缘而有障碍，为有障缘耶？若无障缘者，无障碍缘而有障碍，不应道理。若有障缘者，属果之因何故不障？同是有故不应道理。譬如黑暗障瓮中水，亦能障瓮。若言障缘亦障因者，亦应显因俱被障故，而言但显因中先有果性，不显因者，不应道理。复应问彼，为有性是障缘为果性耶？若有性是障缘者，是即有性常不显了，不应道理，因亦是有，何不为障？若言果性是障缘者，是则一法亦因亦果。如芽是种子果是茎等因，是即一法亦显不显，不应道理。又今问汝，随汝意答，本法与显，为异不异？若不异者，法应常显。显已复显，不应道理。若言异者，彼显为无因耶，为有因耶？若言无因，无因而显，不应道理。若有因者，果性可显，非是因性，以不显因能显于果，不应道理。"

按：西洋哲学家影响后世最大而最为后人崇拜者，曰柏拉图、曰亚里士多德、曰康德。三人之学说虽各不同，然其于纷纭之现象求得不易之概念，以为表诠事物研究学术之张本。西方哲学家殆无一不认为彼等不朽之盛业，今世科学以欧洲为盛，所谓科学仍不外乎原则公例之学，如是概念原理云云，实为西方文明根本之所在，而与吾佛法之精神适相反。由佛法言，诸行 行者，迁流不息之义。诸行，即一切有为法。无常，凡有为法，皆待缘生，生已即灭。即此诸行无常，自性本空，为诸法之本来面目，是曰真如。至于各种概念，若时间，若空间，若数目，皆属不相应行法，为心心所色法之分位，起于含识之周遍计度，而无自性之可言。学佛宗旨，即在实证诸法之自性本空，而不起执，则能缘为正智，所缘为真如，是曰正智缘如，亦曰彼寂为乐。西洋之哲学家科学家亦多见有为法之无常，然不悟其自性本空，而此无常即其本来面目也。遂别施设不相应行法以图控御此变幻之现象，于是以概念世界有客观存

四、破法执

在者有之矣，以概念世界为真实而感觉世界为虚幻者有之矣。夫聚十百千人长短大小智愚贤不肖，至不齐也，于此不同之个体，抽出其共同之点，名之曰人，成为人之概念。此概念起于含识之分别，而后于人而有。其理决定，则彼等谓概念有形上之存在真实不虚，必不足信。乃者西人执此为真，流而不返，以其为周遍计度，而此计度，又随人随时而殊也。因之一时代有一时代之科学哲学，一人有一人之学说理论，新陈代谢，月异而岁不同。浅见者，不明其所以，则美其名曰进化，容讵知无常即诸法之本真概念原理，皆遍计所执乎？故知诸法自性本空，而求实证此空性者，佛法也。不了诸法之本来无常，而别执一不相应行法，以图控御之者，西洋之哲学家科学家也。哲学科学各种理论之有无价值，固不难以诸法之自性是否本空一语而断之也。

又按：上文所破我法二执皆待邪教及邪分别然后方起，曰分别我法执，惟在第六意识中有。别有俱生我法执，无始时来，虚妄熏习，内因力故，恒与身俱，不待邪教及邪分别，任运而转。此复二种：一常相续，在第七识；二有间断，在第六识。本文以限于篇幅，不及七识。兹以论二执之便，试略述之。七识共有三位：一，补特伽罗译云人。我见相应位，一切有漏皆是此位，缘阿赖耶识起补特伽罗我见，即常相续之俱生我执。二，法我见相应位，凡法空智果不现前时，皆是此位，即常相续之俱生法执。三，平等性智相应位，法空智现在前时，即是此位常相续之我法执。表面视之，似难征信，苟加谛察，亦至易验。今且就我执言之，常人以为不遇我对则我执不起，不知念念不已，即似无念，念念执我即似无我，七识恒审思量念念相续，俱是我执，即如出话撰文，贯串成体，足以自达，亦由我执相续。乃至行住坐卧未尝起想念我，而终不疑是谁行、谁住、谁坐、谁卧，此即七识之用也。我执有然，法执亦尔。问：思量我法，安知非即第六识之用？答：六识之思量，审而不恒，有间断我法执可尔，此无间断之我法执，必在七识，以七识之思量亦审亦恒故。

五、种子义

如是略破我法竟。外人问曰：前说见人闻雷，必托人雷，今谓我法非实，悉是妄执，前后两歧，一至于斯，究此人雷，意指何等？答：我说人雷，种子现行，但是能义（即种子之异名），异汝外道所执我法。待缘生起，依他而有，异汝外道体是本然。刹那生灭，迁流不息，异汝外道体是常住。如幻而有，自性本空，异汝外道体是实有。又此种子现行，皆赖耶持为彼相分，异汝外道心外自存。如斯理趣，经论并详，苟欲理董，当明二义：一者种子义，二者赖耶持种义。

唯识家言，一切惟有识，识即种子之现行。种子者何？谓八识中，亲生自果功能差别。释以今语，曰摄。藏于八识而能亲生自果之各种潜在功能，或单名之曰能，能之为物，厥体无量，而皆交遍，互不相碍。语其种类，则八识及心所，各各自有其种子，此心所，指有自体者言，如触、受等。而每心心所，又分见分种及相分种。此见相种，又皆各各无量。每一有情，具是无量种子，而皆摄藏于赖耶。试以表明。凡属有情，皆有如是一系统。

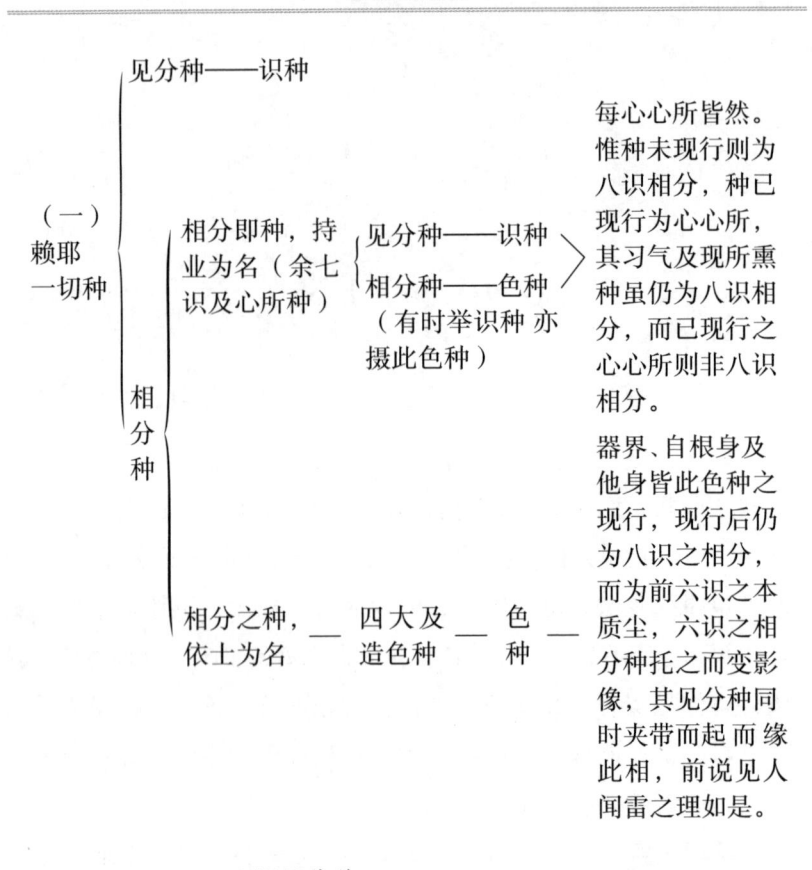

(一)赖耶一切种
- 见分种——识种
- 相分种
  - 相分即种,持业为名(余七识及心所种)
    - 见分种——识种
    - 相分种——色种
    - (有时举识种亦摄此色种)
  - 相分之种,依士为名 —— 四大及造色种 —— 色种

每心心所皆然。惟种未现行则为八识相分,种已现行为心心所,其习气及现所熏种虽仍为八识相分,而已现行之心心所则非八识相分。

器界、自根身及他身皆此色种之现行,现行后仍为八识之相分,而为前六识之本质尘,六识之相分种托之而变影像,其见分种同时夹带而起而缘此相,前说见人闻雷之理如是。

(二)赖耶持种
- 识种
  - 八识见分种
  - 前七见分种
  - 心所见分种
- 色种
  - 八识相分种(相分之种,依士为名,即四大及造色种。如相分即种,取持业释,则七识及心所之相见分种,亦为八识相分,参上表)
  - 前七相分种
  - 心所相分种

谨按:上表盖据相见别种说立也。西方大师于相见同种或别种颇多异论，约以计之，盖有四说：

一者，谓见、相及质，本质尘。三法皆同种生。此说于前六见相外，不认有疏相分，其困难与上述唯我论同，可不谈。

二者，谓各识之见、相两法同种生，此说亦大乘法相，姑就八识言之，困难迭出。八识之相分，有种子、器界、根身，如与见分同种，则此种子当自为觉性，一也。器界、根身皆大造变现，大造亦有觉性，二也。在一刹那间，只有一种现行，则种子、器界、根身皆一种生，三也。八识有等无间缘，此刹那望彼刹那，见同而相异；相见同种，则无等无间缘，四也。八识有亲所缘缘，以见托相而成立，如属同种，则无亲所缘缘，五也。

三者，谓各识相、见，无论何时，皆属别种。圆测即主此，见《了义灯学记》卷一引。如是则独头意识缘龟毛、兔角相，亦别种，亦能熏种，即有假法种生失及假法能熏失，亦不可通。

四者，谓见、相二分，随其所应，种或同异，如缘龟毛、兔角等，则相与见同种，缘根身、器界，托质而变，则相与见别种。此说折衷颇当，无前三家过失，为奘基二师所宗。本文立论根据，亦全在此。奘师并有颂以显此中差别云："性境不随心，独影唯从见，带质通情本，性种等随应。"释此颂文如《枢要》《了义灯》，兹仅取其与本文有关系者，简明言之，则性境托质而缘，得彼自相，如前，见人闻雷。相见别种，独影境不托质而缘，如缘龟毛兔角。相见同种，带质境虽托质而缘，而不得彼自相，如见树谓鬼等。按：得彼自相与否云云，就俗谛言，以众生之普遍经验为标准，非就胜谛说。相见或别种或同种。

问：独影惟从见，云何尚有相？答：此相为见分之遍计所执相。

问：相别有种，何名识变？答：不离识故。由识变时，相方生故，故名识变。

问：相为内境，见为内心，二别有种，何名唯识？答：此相、见分俱依识有，离识自体本，二末法必无，舍末归本，故名唯识。

问：相境见心，平等平等，云何言唯识，而不言唯境？答：识唯内有，境亦通外，唯内则纯，通外恐滥，舍滥留纯，故言唯识。设不虑滥，唯境亦得。又《唯识论》云："又诸愚夫，迷执于境，起烦恼业，生死沉沦，不解观心，勤求出离，哀愍彼故，说唯识言。令自观心，解脱生死，非谓内境如外都无。"凡此问答料简，具如《唯识论述记》及《义林章记》中广辨。顷者余友景君幼南撰《相见别种辨》，持安慧同种之说，于别种颇多质难。同种说之困难，上已略示，非将法相唯识之书，尽行推翻，固不足解答上说。然即推翻，亦岂能即无困难？余既主别种，自宜有所解答，以非专论，不能详谈，惟略明二点：

一则安慧亦主别种也。护法之主别种，虽见《述记》，论不明言，而安慧之主别种，则《唯识论》适有明文。论卷四，论俱有依，难陀谓眼等五根即五识种。次安慧驳云："彼说理教相违，若五色根即五识种，十八界种应成杂乱。然十八界各别有种，诸圣教中处处说故。又五识种各有能生相、见种分异，为执何等名眼等根，若见分种应识蕴摄，若相分种应外处摄，便违圣教眼等五根皆是色蕴内处所摄。"云云。

一则曰十八界各别有种，再则曰见分种、相分种谓非氏主别种之明证耶？氏尚杂糅《集论》专明三科，大造根识，言之特详，取证别种，盖不烦言。景君以安慧谓相、见为遍计所执，相尚无有，种何安立？因谓氏主同种，不知安慧谓相见为遍计所执，系顺解颂文"由假说我法，有种种相转"，其意正指我法二执，在氏固非不主有二分，且非不主二分为别种也。景君之说之能否成立，固不

五、种子义

在安慧之主同种别种，第彼既以"为古师辨诬"自命，又处处推崇其说，故一辨之，且以见欲求理教之无违，必非主别种不可，而主别种者，亦不仅今学也。原文谓，别种之说，非护法、奘师本意，由基师传述过甚所致。语更失检。盖护法别种之说，虽见《述记》，然奘师译论随译讲解，《述记》亦不过纂记所闻，观基师自云"凡斯纂叙，备受指麾"，则当日作书时，奘师固已面命之矣。又性境不随心一颂，基师解相见别种，亦出三藏手笔，即谓此由基师解误，然《义林唯识章》固明谓内识有境有心，舍滥留纯，始名唯识，而此则奘师之讲演录，由基师笔述者也。

二则，别种之言，义用差别也。种子谓各种功能，以其有生起诸法之功能，说名种子。别种之言，亦曰明其义用之差别。初无他意，相见之是否别种，即问相见之义用有无差别，而可决根身、器界为八识之相分，非是能缘别有义用差别之见分，固不待言。即就前六识言，相见能缘所缘，义用各别，《唯识论》亦早已建立。

初成相分义，《述记》共有三量，一云："如缘青时，若心心所上无所缘相貌，应不能缘。当正起时，自心所缘之境，许无所缘相，故如余所不缘境，或如余人境。"二云："我余时缘声等心，亦应缘今色，许无所缘相故，如今缘自青等之心。"三云："除所缘色外，诸余法亦应为此缘色心缘，无所缘相故，如现自所缘色。"如是三量，已足反证，相分定有。

次成见分义，《述记》有二量，一云："若心心所无能缘相应不能缘，无能缘相故，如虚空等。"二云："汝虚空等，应是能缘，无能缘相故，如心心所。"如是反复为量，亦足反证，见分定有。既似能缘相为见，似所缘相为相，相见义用各别。谓为别种，理即无碍。以别种言，亦不过明义用各别故，八识心心所其种各殊也。况种子必引自果,《唯识论》云:"谓于别别色心等果,各各引生,方成种子。此遮外道,执唯一因生一切果,或遮余部,执色心等互为因缘。"相为色法,见为心法,既色心异种,自各别别种之说,在《唯识论》固非无据者乎?若谓相见别种,一非觉性一为觉性,即同心物二元,不知种子云云,非如世俗执有定实。依他缘生,本如幻有,岂如彼二元论者,执实有心物。奘师真唯识量宗云,真固极成色,定不离眼识。所谓色,相分是也。所谓识,见分是也。故知唯识之义,惟以相不离见为立足点,而此相见必主别种,方不类外道之唯一因生一切果,或余部之执色心等互为因缘。主同种者,幸详此意。

兹先明种子,次明赖耶持种。种指功能,前已屡说。欲明种之有无,即问法界中有无如是亲生自果之潜在功能。四缘具而识生,知有识种,<u>前七及心所相见分种</u>。交遍法界,如首处辨。今谈色种<u>八识相分种</u>。则有坚、坚劲。湿、流湿。暖、温热。轻、轻动。及色、声、香、味、触等,前者曰大种,<u>俗名地水火风,非指实物,但指坚等四能,由此四者其性大故,为种生故,名曰大种</u>。后者曰造色种。<u>共分十一,除上色等五外,尚有五根及法处所摄色,以异生难了,故不言</u>。造色种依止大种,即于大种处所有余造色生,由是因故,说四大种造所造色,<u>所造即色,持业为名</u>。实则所有色,各从自种子所生,《大论》五十四,名种子生。以大种为增上缘而现行耳。

按:《大论》《对法》皆言生等五因,以辨大造,兹录之。《大论》卷三云:"问一切法生,皆从自种而起,云何说诸大种能生所造色耶?云何造色依彼,彼所建立,彼所任持,彼所长养耶?答:由一切内外大种及所造色种子皆悉依附内相续心,乃至诸大种子未生诸大以来造色种子终不能生造色,要由彼生,造色方从自种子生,是故说彼能生造色,要由彼生为前导故,由此道理,说诸大种为彼生因。云何造色依于彼耶?由造色生已,不离大种处而转故。云何彼所建立?由大种损益,彼同安危故。云何彼所任持?由随大种等量不坏故。云何彼所长养?由因饮食睡眠修习梵行三摩地等,依彼造色,倍复增广,故说大种为彼养因。"《对法》卷一云:"所造者,谓以四大种为生依立持养因义,即依五因说名为造。生因者,即是起因,谓离大种色不起故。依因者,即是转因,谓舍大种诸所造色,无有功能据别处故。立因者,即随转因,由大变异能依造色随变异故。持因者,即是住因,谓由大种诸所造色相持相续生持令不绝故。养因者,即是长因,谓由大种养彼造色,令增长故。"

击石风吹而现声,诸有为法不从他生,上已极成,故石与风必不能生声,声仍有其自种。声种不能自现,待地大、石之坚劲性。风大风之轻动性。而后现。燃油钻木而现火,油与木亦不能生火,火仍有其自种,造色种。火种不能自现,依水大、油之流湿性。火大、火之温热性。及地大木与钻之坚劲性。而后现。色声有然,香等亦尔。如是诸大种,与所造色,俱时而有,互不相离,如一味团,更相涉入,遍一切处。造色为六识疏所缘缘,大种唯触觉一分得,比知是有。眼识缘托之地水火风,悉系造色之色。大造种虽皆交遍,其现行则或相违害。燃彼干木即便生火,火大现而地大隐,火之色种现而木之色种隐,白镴铅锡融消即流,水大火大现而地大隐,燃即干木处生火,故知火大与火之色种本尔交遍于地大及木之色种。即白镴铅锡而流动,故知水大火大亦本尔交遍于地大。以此现则违彼,乃一生而一隐。然在一聚中,亦有二大种可得者,如雪有地水二大,热末尼有火地二大。或有三大种可得者,如湿热树唯缺风大,树摇湿唯缺火大。甚或有四大俱者，如内色聚。至造色则色等五尘同处可得，如橘柚等，所在皆是。以是略说色种交遍与识种同。

谨按：大造之说，为佛家所独有，与四元五行等固绝对不同，与今日科学家质力交推之论，亦蹊径各别。盖大种造色，各自有种，造色之起，以自种为亲因缘，以大种为增上缘。如燃木生火，普通皆以火为能烧，木为所烧，实则火永不能烧木，以非暖性故，犹如水风。则火之现行，固仍有其自种为亲因缘，而木于火，则仅为增上缘。又此大造，皆刹那生灭，体无常住，如现见水，或时滋长，或时干涸，知水有刹那；若无刹那，水何有因而滋？复有何因而涸？风性轻动，且时增盛减息，知风有刹那；若无刹那，则应无动时，亦无增盛减息。地与色香味触或因人功而变，或因火水风而变，或因时节而变，知地与色等有刹那；若无刹那，变不可得，因无体故。火因薪起，薪增火盛，薪已火亦不住，知火有刹那；声之初起，厥声洪大，入后渐微，小声可得，知声有刹那。明是二义，可知器界根身皆色种_{大种造色种}。之现行，但有其能义。而此能又刹那生灭迁流不息。

而科学家之谬误，亦有可得而谈者，物质不灭之说，固定于法之拉服西（Antoine Laurent Lavoisier, 1743—1794）至今为物理学之定律，谓如以火燃薪，转变为气，其薪之量等于其气之量，_{如与空气中之气和合，则量即加增}。故薪虽尽而其质不灭。此其蔽，即在执有物质。质既实有，又复不灭故，可由此质变而为他质。由唯识家言之，则质本无有，唯为能之现行，而此能又刹那生灭，只有现行与否之区别，绝非常住，一也。此能望彼，能只为增上，惟有自种，乃得为亲因，绝无所谓由此质变为他质，_{气体增加云云，亦自有其种子，以燃薪之增上，而使之现行而已}。二也。然唯识家所诠之种子，亦言长时一类相续，至究竟位，得毋与马耶（Julius Robertvon

五、种子义

Mayer，1814—1878）能力不灭之理类乎？曰：是亦不然。马耶言力之不灭，乃言"力之转变"（transformation of energy），例如燃煤动机，由煤力转变而为机力，故煤力虽失而能不变，此仍不明自种亲因，他为增上之理。而唯识家之种子，唯是自种等流一类相续，刹那刹那果生因灭。又只有现否之差，绝无所谓由此能转为彼能也。大造之义，《大论》《对法》虽有诠释，语焉不详。基师《法苑义林》，粲为一章，义亦未馨。千余年来，此学沉沦，挽近习科学者，又多滞形拘名，一闻四大，即斥迷谬，遂使妙旨宏义，湮没不彰。兹诠唯释，略启其绪，智者详焉。按四大非是四元，最近原子量固无所用其附会，亦无所用其质难，气体液体固体稍近似矣，然亦与彼不类。盖彼仅就能而言，固未指质也。至造色区为色声等者，则以识之所缘为标准，如眼识之所缘为色，耳识之所缘为声是也。

如是识种、色种，各有二类：

一者，本有，谓无始来，异熟识中，法尔而有，生蕴处界功能差别。

二者，始起，谓无始来，数数现行，熏习而有。

异门广辨如《成唯识》，兹不赘述，惟明三义：

一者，刹那生灭，谓体才生无间必灭，有胜功力，方成种子。此遮常法，常无转变，不可说有能生用故。

二者，待缘生起，谓此要待自众缘合功能殊胜，方成种子。此遮外道，执自然因，不待众缘，恒顿生果。或遮余部，缘恒非无，显所待缘非恒有性，故种子果非恒顿生。

按：缘生生灭义如前屡辨。三藏十二部所说何事？曰：缘生事，法性事。法性即众缘生法，自性本空之理，体不离用，依缘生法，而体显现，则谈佛法专明缘生亦无不可。本无今有，名之曰生，诸法唯依托众缘而生，故刹那生灭。无作者，无作用，无实自性。明此者，为内法。背此者，为外道。佛法之破外道，亦破其执诸法为常、为有作者、有作用、有实自性而已，以诸法之自性本空，因而直下明空。此空，言遮而非表，不但空有，亦且空空。曰：因缘所生法，我说即是空，是为空宗。以诸法之自性本空，而缘生非无，曰：遍计毕竟无，依他如幻有，是为有宗。明空则特详遍计，破而不立，谈有则即用显体，须说依他。广宇悠宙，万有不齐，明其依他，唯是识变。识之现行，仍待种子。种子者，解释缘生之根本，谈唯识宗第一殊胜义也。然种子虽为诸法缘，而此种子还自待缘，异彼外道无缘生果，虽有始起，法尔依他，语其自性，仍属空无。又此种子有能生用，所生现行皆刹那生灭，征知种子亦顿生灭，自类等流，非断非常。如是彻头彻尾无一法而非缘生，无一法而非生灭。缘生义立，法性义成，有俗有真，有真有俗，俗是真家俗，真是俗家真，佛法甚玄，不在斯欤？

三者，种现生熏，八识所熏，前七能熏，能熏所熏各有四义，助成唯识。此能熏识从种而生，曰种生现。能熏识等，从种生时，即能为因，复熏成种，曰现熏种。如是三法，展转生熏，如炷生焰，焰生燋炷，亦如束芦，更互相依，因果俱时，理不倾动。

谨按：此熏习义，又唯识家极精之谈，而足解释心理学上无数难题。熏者，发也，由致也。习者，生也，近也，近，指与能熏俱时相近，非前后念。数也。熏习者，即发致果于八识内，令种子生，近令生长之谓。试以例明之，如前云，余张目而陡然了别笔砚等影像，此了别影像为眼识种之现行，即种生现。然属文至此，又能忆及前所举例，此果何为而然耶？曰：此即现行熏种之故。盖当眼识之起也，此了别影像从识种现行时，同时此现行又熏成种子，即现熏种。今兹之记忆，不过意识使前所熏成之种子现行而已。此所熏成种子，今时现行，同时又熏成种，使旧种愈益滋长，于是后时现行较前又易。然从前经历之事，<small>即识种曾现行。</small>每有不能记忆者，此又何耶？曰：此则因所熏之种子犹弱未能现行，必数经熏习，由弱而强，乃能如响斯应。士之读书也，诵久则忆之愈易，人之涉世也，历久则经验愈富，类由是耳。记忆经验，为心理学上一大问题，西洋学者至今尚未有确论，得熏习之说而存之，乃可释疑网于重重。

六、赖耶持种义

已说三义，略诠种子。《大论》种子七义，《唯识论》六义及熏习义，读者自详。然此种子必有所寄托，方能持不散失，待缘现行，如上诵习记忆为熏种之现行，斯固然矣。而此所熏之种必寓藏于一处，后此始可予取予求。此藏种之功能，心理学家名之曰神经结，或曰神经系，然种子交遍法界，首已建立，局于根身之神经系，乌能摄藏根身以外之功能？或谓种既交遍法界，法界即其寓托之所在，奚事摄藏种子之功能为？诚如其言，则种子皆在根身之外，无有封畛，甲所熏种，应托乙之根而现行，乙所熏种，又可托丙之根而现行，然今甲所诵书，所熏之种。惟甲能自忆，托甲之意根而现行。而乙不能忆，其能忆者，必系乙自诵。乙所诵书，惟乙能自忆而丙不能忆，藉能忆者，必系丙自诵。故知甲乙丙，各各所熏之种，虽皆交遍法界，仍各有摄藏其自种之功能。此种功能，唯识家名之阿赖耶识，即第八识，亦名本识。翻义为藏，以其能摄藏一切种子故。此阿赖耶共有三相，有摄受一切熏习及摄持一切种子参前赖耶持种表。之功能，是曰自相。种子藏诸其中，遇缘引生一切之成就，是曰果相。执持诸法种子，令永不失，是曰因相。自相为其自体之相，果相、因相则对前七识及器界根身等而言，以能为七识等之果及因而得名。喻

六、赖耶持种义

如水龙有藏水之功能，曰自相。水藏其中，撼之外现而生果，曰果相。持水而不失，曰因相。又如银行有蓄银之功能，曰自相。储银其中，随时可以支取，曰果相。蓄银而不失，曰因相。或谓持种不失，安知非即意识之功能？曰：意识有时而断，而种子仍不放失，故知必非意识。例如常人中夜深睡，病者受药闷绝，其时意识已不现行，苟种子为意识所持，则种子必将散失。然清醒复苏，仍能忆记前事历历不爽，以是证知意识之外，犹有虽当闷绝而仍持种不断之功能，此即阿赖耶识。盖此识固无始时来，一类相续，常无间断，性坚持种令不失也。或谓一切种子善不善殊，染不染分，熏莸不同器，光暗不并容，如何八识并持而无碍？答：此识唯是无覆无记性故。覆谓染法，此识非染，故名无覆。记谓善恶，此非善恶，故名无记。惟然，故七识熏种善不善殊，此识皆能受熏，法尔种子，染不染违，此识俱作所依。而当种子一为八持，即变无记，为识相分，非善非恶。然当种子发而为现，善恶染污，各从其类，随其因力，三性决定。《摄论》卷二："如众缬具缬所缬衣，当缬之时，虽复未有异杂非一品类可得，入染器后，尔时衣上便有异杂非一品类染色绞络文像显现。阿赖耶识亦复如是，异杂能熏之所熏习，于熏习时虽复未有异杂可得，果生染器现前已后，便有异杂无量品类诸法显现。"

谨按：唯识宗立义最精之处在第八识，有此而万法唯识义立，有此而流转还灭理成。然八段十义，述说固属非易，而尤难在于建立。《大论》八证，《显扬》《对法》同。《唯识论》五教十理，证斯识有，理趣诚属无边，第当日立言多对小宗，今兹敌异，语非极成。上来仅谈持种，聊以粗浅，免争而已。夫种既有持，一类相续，命根虽断，种仍不失，牝牡构精，赖耶依托。《大论》第一："尔时父母贪爱俱极，最后决定各出一滴浓厚精血，二滴和合住母胎中，合为一段，犹如热乳凝结之时，当于此处一切种子异熟所摄执受所依阿赖耶识和合依托。"众缘具足，种又现行，染污善恶随其因力，各从其类，毫末不爽。由是证知，三途六道，生死流转，_{此为总报}。贫富贵贱，聪钝修短，_{此为别报}。悉由自业招感，非关他人，家庭社会，但作增上，生果亲因，无非自种。此则业报轮回之至理。以种性不灭为根据，毫无神秘之可言，绝非迷信之所行也。或谓世每有积善而得殃，凶邪而致庆，业报之说未可征信。不知此皆现业未熟，而前报已应，行善得殃，运钟在昔，今之积德，利在方将。凶邪获庆，酬于往善，今之肆恶，衰在未来。经云：要知前世因，今生受者是，要知来世果，今生作者是。此理平凡，了无足怪。众生畏果，菩萨畏因，凡诸异生，一昧此言。

七、识变

已建立种子义，赖耶持种义，此阿赖耶识因缘力故，所持色种，内变根身，外变器界，即以自所变为自所缘，_{亲相分}。见分仗之而托起，余识等种本皆为此识相分，惟遇众缘现行时，其习气及现所熏种，虽仍为相分，而恒相续。喻如暴流风等，击起诸波浪，而流不断。而已现行之识，则不复为彼所缘，眼等六识，反以八识相分_{此相分限于根身及器界}为疏所缘缘，其自种仗之而变现相、见。疏所缘缘_{五识定有，六识有无不定，七识则惟缘八识见分}。前说见人闻雷，此人雷之本质尘，即本识色种变现之相分，而为眼耳等识之疏所所缘。如是六识亲所缘者，惟是自识所变相分，所托本质虽在六识之外，非六识所能亲取，然为八识相分，仍在识内，非属识外。见、影、质三，皆由识变，故名一切唯识。

谨按：西洋哲学每分二部分，一者人生，二者宇宙。诸家虽有言人生观与宇宙观关系之密，_{如海甫丁谓人生观与宇宙观之不能分，与人之不能离世界同。*A History of Modern Philosophy*, Vol. I. P. 78.} 然从未有合此二而为一者。惟我内法，只有人生问题，无有宇宙问题。盖有情各有八识，各一宇宙，宇宙所有，惟是识变，宇宙分内事，惟是识分内事，宇宙即人生，一而非二也。西洋古天文学_{多禄某为正宗}。以宇宙为有限，人民局处其中，心境至狭。自哥白尼创日中说，鲁诺继之而主世界无限，近代之新宇宙观，于此植其基，精神较前稍开放矣。然返视我宗宇宙即人生者，其心量之宽广，又何如耶？近人论印度哲学，窃西洋哲学之科判，分述本体论、世间论，于世间论又分论宇宙、人生，妄矣。

问：根身器界皆八识变，有情何以不知？有情又何以变此？又既由识变，何以紫金山必在南京？而泰山则在山东？阿尔卑斯山必在欧陆？而陆机山则在美洲？推而至于地球距日球九千三百万哩，而土星则距八亿六千六百万哩。天文家所已发现及未发见之星球，当知悉系八识所变，而为八识相分，非余。

答：唯识家言，根身器界皆八识变，以根身器界悉唯是种，有能无质，而此能又摄持于赖耶为根据，欲问其是否识变，即问其是否有能无质，而此能又摄藏赖耶，而可决，而此则上已建立矣。至谓为其所变而不可知，则因此识见分极微细故，外器世间极广大故，难可了知。然在大地以上菩萨，转识成智，即能亲证，特异生无此经验，仅可以比量言耳。若问有情何以变此，则一言有情即含变此之前提，更无何以可言。盖种子变现为缘生法，众缘备具，法斯生起。若问何以无别，何以譬如九缘足而眼识现，惟其如是所以如是法尔道理，不可致诘，至于山河处所，其理亦然。譬今含识唇在鼻下，眼据鼻上，若问眼何以不在鼻下，唇何以不在鼻上，此非理问，更不可答。然纵吾人今日之面皆眼在鼻下，唇在鼻上，仍可反唇相诘。凡此皆法尔如是，不宜再兴问难。

谨按：法尔如是，即庄生"恶乎然，然乎然。恶乎不然，不然乎不然"之说，昔人鲜明其义，太炎先生《齐物论释》始详此意，都分三层：一，谓说其义界，言舍本字更不能解本字。二，谓

七、识变

责其因缘,言本无真因可得。三,谓寻其实质,言本无实质可求。先生好言唯识,如别录卷三《菿汉微言》及本论,凡有涉及真如、阿赖耶及种子者,无一非外道思想,其余名相亦多有误,独此一段颇见卓识。近人粗习西洋科学,以求"为什么"为口头禅,实则西洋古代之科学,诚趋重于解释(Explanation),至近世则已由解释而趋重叙述(Description),不重在推求何以如此,而贵在能叙述其如此如此矣。世界神教之第一谬误,即在推求宇宙人生之因而不得,遂别执一上帝以为诸法之生因,而在佛教则唯言缘生,绝无此种思想。佛教与其他宗教根本不同者在是,真妄之判亦在是。不佞于《中国人之佛教耶教观》中,二教优劣章,所当详论者也。

问:种所变者,有能无质,色声香味亦无各种分别,以何因缘,现今有情五识缘时皆信有质?且色声等复有种种差别?如色则有青黄赤白;声则有可意、不可意及俱相违;香则有好恶、平等俱生、和合、变异;味则有苦、酢、甘、辛、咸、淡;触则有滑、涩、轻、重、软、缓、急、冷、饱、力、劣、闷、痒、粘、病、老、死、疲、息、勇?

答:内识所变,本属虚妄,色声香味亦无分别,而今含识偏觉是实,偏有分别,皆由无始以来数习诸见,随所习见,随所遇缘,随自种子成熟差别,变似种种法相而生,此中理趣颇难言宣,故诸经论鲜有详说。姑就所见粗浅开示,例如名句书契,凡今学人皆目为实有,诠表著书立言可遗之远方,传之来者,而人之读其书者,亦似含有种种义蕴。然今细加审思,所谓名句文身,名当英文之 Word,译云字。句当英文之 Sentence,译云句。文当英文之 alphabet,译云字母。凡有二名以上,连在一处则曰名身,句身、文身类此可知。纯依语声分位差别而假建立,初非实有。例如英音"辫奥特",God 译云上帝。但言辫或奥或特，皆未有所目，说为文分位。若三连合，则能诠上帝，说为名分位。然未有句位，更如"伊是霍来各斯脱"，is holy ghost，译云是圣鬼。名曰上帝即圣鬼，说为句位。如是名句与文，离声皆无别体。又此名句并文所成，文又揽于众分为体，如霍来之霍，有黑奥二分，来有儿哀二分等。文一一分，名刹那成，必前念灭，后念方生，生有灭无，其理决定，无之与有必不能合，故前后刹那无和合义，又前后二时，有亦不合，以时分异故，犹如去来。若是合义既无，何有文分？尚无文分，文体岂成文体？既无名句，焉有无文名句。合义不成，故知文名与句皆非诠表，不过声种依大种而现行耳。然今世间知英文者，闻说"辫奥特伊是霍来各斯脱"，即生一种意象，谓有众文和合为名。复谓众名和合为句，谓此名句能有所诠，如是能诠、所诠皆属有情自识所变，而非声能之所本有。

又此声能待缘生起，刹那生灭，而诸有情鲜有了知，且谓实具能诠所诠，又如他身大造和合，亦非实有。所谓发、毛、爪、齿、皮、肉、筋、骨、髓、脑、垢色皆归于地，唾、涕、脓、血、津、液、涎、沫、痰、泪、精、气、大小便利皆归于水，暖气归火，动转归风，四大各离妄身无有。而此大造刹那生灭，前亦极成。然今凡有见者，托质变相，莫不名之曰人，鲜有了知实是幻化。且谓本质实有非妄，从而判分种种美恶。

山河大地，日月星辰，靡不皆然。问：其何以如此？常人则曰直前取境本尔如是，学者则曰教育之效，经验之用。或名之曰种族之经验（Racial experience），意谓此种经验，积人积世，而遗传至今者也。唯识家则名之曰自种熏习，盖必先有如是之种种功能差别，即种子。始能变现如是之种种状态。如必先有理董英文之种子，一闻"辫奥特伊是霍来各斯脱"，方能托质变相而了解。必先有辨别美恶之种子，始能见若人美，若人否。而此功能差

七、识变

别,他人相望,但能开导引发作增上缘,子不能受之父,师不能传之弟,现行熏习各待自种展转推求,溯诸无始。由是可知八识变现之器界根身、色声香味,刹那生灭,有能无质。色亦无有青等之分,声亦无有可意与否之别,香亦无有好恶等之异,味亦无有甘辛等之判,触亦无有滑涩等之不同。顾今有情,五识缘时,莫不变现如是种种差别,将能作所作,信为实有。当知悉由无始以来自种熏习,变似如此种种法相,譬彼患目病者,见空中花,而空中实本无花;戴蓝镜者,见皆蓝色,而本质实皆无蓝。《华严经》云:"心如工画师,画种种五阴。一切世间中,无法而不造。"诚者不易之论也。

问:阿赖耶识,有情各一,应所变相多而非一,何以识所托变皆同本质?又此六识,有情各异,何以所变见相又多同似?如上名句文身大地星辰,本质只一,有情托变见闻多同;推之舌之于味则有同嗜,鼻之于嗅则有同好,身之于触则有同感

答:八识变相,有四句别,一者共中共,谓此趣有情即人类。共业招,共种生,共变共用,故器世间似只有一。二者共中不共,谓如有主田宅,他虽共变,不得共用。三者不共中不共,谓如净色五根,惟自识变,他不得变。四者不共中共,谓如他身,自他各变。然器世间虽共中共,而甲之山河星辰,仍非乙之山河星辰,共在一处,各自唯识,各不相碍,譬如多灯共在一室,和杂似一,光各自遍,各自系属,不相障碍。问:多灯在一室,云何知非一灯明?答:灯多影亦多,故知众灯各遍室。问:众灯明一室,云何知光各遍室?答:灯灭光仍遍,故知众灯各遍室。又问:变身(不共中共)不变根(不共中不共),何由而知者?答:识生必托根,甲不托乙根,故知此根乙变非甲变,下界生上地,余骸犹相续,故知此身余变,非己变,具如《述记》中详叙。故谓识所托变,同一本质,理须善会。

至谓六识所变，有情皆同，则篇首已辨其非。且如"辨奥特伊是霍来各斯脱"一语，彼耶教牧师闻之，必谓"各斯脱"为灵而非鬼；在吾佛弟子闻之，则"各斯脱"与魔鬼曾未有异。彼西人聆之则一闻而知其能诠所诠，初习英文者聆之则先联想中文上帝是圣鬼，始明其意，不知英文者聆之又丝毫不知所云。是则问此一语，彼彼有情或了或否，即同能了，其了各别，故知其所了者，非即此语，惟其自识种子之所变现。维摩诘云"佛以一音演说法，众生随类各得解"，意亦犹是。

又如山河星辰，似众生皆同见矣，然多愁者见之，则触目是愁，增其忧思。乐天者见之，则充满生意，欣赏无穷。樵夫野老见之，则木石水草，明星历历而已。墨客骚人见之，则召我烟景，假我文章，无在而不感发其诗思矣。宗教家见之，顿觉上帝创作力之伟大，油然动其遐想。科学家见之，则处处发见其研究之资料，进而推求其因果。唯识家见之，又觉其刹那生灭，有能无质，而皆吾心之所现矣。同此科学家也，化学家见之，以为不过几种元素之构合。地质学家见之，则知某时代之遗迹，今尚有可考见。生物学者见之，则知某动物属某类，某植物属何科。天文学家见之，又知某星之面积有几何，距离吾人有多远矣。山河大地虽在一处，而无量有情之所见，仍各各由自识变现，各识生时，各相随生，各识灭时，各相随灭。是故无量有情，即有无量宇宙。彼不能越出彼之宇宙，而揽入此之宇宙。此亦不能越出此之宇宙，而掺杂彼之宇宙。

云何有情所见皆同耶？然见人闻雷，有情皆曰见人闻雷者，抑又何耶？曰：有情所变，虽绝对不能相同，而彼此之间每多相似。故甲见为人，乙丙亦见为人。甲闻为雷，乙丙亦闻为雷。推而至于

七、识变

易牙之味，天下率以为美；师旷之音，天下率以为和；子都之貌，天下率以为姣。盖视听嗅尝，既悉为有情自熏习种变现，而同为人类互相增上，其业种亦有多分相同之处。其变现也，遂亦相似相类。正犹同居一校，受同等之教育者，所熏习之种子多相似，好尚见解因亦相类。_{美国社会学者吉亭斯（Giddings）名之曰相似心（like-mindedness），其研究此者，则为社会心理学。}其有一二与众特异者，则或为上智或为下愚，_{其研究此者，则为个人心理学。}必其种子不类于众者矣。

问：器世间内，悉由八识变现，云何现见有草木等种种生长，工业等种种制造，此之本质，究为识变，抑非识变？如为识变，则现见识不能造作；如非识变，唯识何成？

答：唯识之旨如上屡明，此之二类当以士用解释。士用者何谓？诸作者假诸作具所办事业。如彼草木，其种子有吸引养料之功能，是为作者；所吸养料，如雨露日光是为作具；其长成之草木，则作者假诸作具所办之作业也。此种士用曰法士用。草木有然，余谷麦等外种，_{外种为识所变之造色，非是种子，以其有生果之功能，与种子似也，假立种名，恐有滥种之弊也，名曰外种。}及所有动植矿物之自然变迁，亦皆属之。又如工业制造品，其所制造之工师是为作者，所用之器具及材料是为作具，其制成之品物则作者假诸作具所办之事业也。此种士用曰人士用。一切含识制作之物皆属之，此人法士用，以作业为果，作者作具为缘，众缘合时即能生果。果从缘生，复能为缘而生余法，余法从缘生后，又能为缘生彼余法。从缘生时，缘为彼因，彼为缘果。果复为缘，生余法时，余法为果，彼复为因。其成其毁，其毁其成，生灭变化，光怪陆离，遂以造成今日复杂之世界。实则溯厥原始，其人法士用之作者作具，不出心心所色法，而此三法皆由识变。六识缘时，又皆变现自识相分。如是人法士用皆由识变而不离识，仍属唯识。

谨按：西洋之一切工艺制造，属诸应用科学者，皆可以士用概之。前言科学上之原则公例，全属不相应行法，与佛法之精神相反，然此理论之科学（theoretical science），实为应用科学（applied science）之母，则是等应用科学，佛家亦悉将菲薄之乎？曰：是不然。佛法非特不菲薄应用科学，即理论科学，亦未尝菲薄之也。修菩萨者，有闻所成地，《大论》第十三云："云何闻所成地？谓若略说，于五明处，名句文身，无量差别，觉慧为先，听闻领受，读诵忆念。又于依止名身句身文身义中，无倒解了，如是各为闻所成地。何等名为五明处？谓内明处、医方明处、因明处、声明处、工业明处。"此之五明，不仅摄理论及应用科学之全部，即科学以外之学术，亦皆摄尽。此就所摄之范围，言其内容，则可以时增加。而凡为菩萨者，皆须听闻领受、读诵、忆念者也，故曰菩萨于何求？当于五明求。西洋科学不问其为理论或应用，凡可以正德、利用、厚生，与夫可以饶益有情者，佛家悉宜全部领受之，以为利乐有情之资，而丝毫不见其冲突。原佛家之正鹄，固在出世间，然其出世间也，贵在不坏世间法而成其出世间。佛家之志趣，固非不厌世，然其所谓厌世者，乃厌此有漏，而绝非厌此无漏。彼见无量众生之堕入器世间也，乃欲济度以出三界之外，曰：所有一切众生之类，我皆令入无余涅槃，而灭度之。然当有一众生未得度时，则虽在器世间中，其所以利乐此众生者，固无所不用其极。

曰：然则前谓西洋精神与佛家适相反者何耶？曰：相反之言，盖就执与不执言耳。佛家信一切法皆为缘生，而此缘生之法自性本空，故一方面虽承认众缘生法，一方面又不执缘生法为实有。科学上之原理原则，佛家之不相应行法也，然佛家虽立此不

七、识变

相应行法，又谓此法为色心之分位，体非实有，彼科学家之与佛法异者，不在其立原理原则，而在其执此原理原则为实有。以西人自希腊迄今，犹执此而不破也，故曰：其精神与佛法适相反。以彼虽执，而我用之者，可视为如幻而不执也，故曰：全部领受而不见其冲突，执为外道，执破为佛。内法、外道之分，非有其他之判也，执与不执而已矣。即如本文所谈之唯识宗，大乘佛法最殊胜之教理也，然其功用，亦唯在遣执。其言识也，亦唯曰如幻。若执唯识真实有者，即属法执，以是之故，佛法与西洋唯心论者绝对不同。即为外道，即与佛家相反。呜呼！是尚何论乎不相应行法耶？

由上所言，证知一切有为皆由识变，待缘生起，都无自性，譬彼空华、水月、阳焰、镜像、光影、谷响，非有似有，虽有而幻。无明众生，无始以来，熏习力故，不能如实了知，诸有为法，众缘所引，自心心所，虚妄变现，将能作所，执实外境，此则吾人今日所处之世界，与梦中所经，毫未有异。

谨按：梦中与觉时今日之世界。异者，只有独影境与性境，外此就遍计所执言，实无有异。提出任何诘难，皆可不费力而答复。此犹就吾内法言耳，若在彼西洋哲学家，则并独影境与性境亦不能分辨，盖彼于他心尚未能决定也。罗素于其哲学中之科学方法，谓若有人以此世为幻象与梦无殊，余则丝毫不能置辩。杜里舒来宁时曾以此询之，答：谓彼实无辞可对，无已则有一焉，即今日之梦与前日之梦不相连续，而吾人之世界则觉来固仍继续耳。按杜氏此说，与不答等，盖彼以数梦为单位，不知就一梦言，其间所经固亦有连续，与吾人一生所经无殊也。读者请思，尚有其他不同否？

或谓若觉时，色皆如梦境，不离识者，如从梦觉知彼唯心，何故觉时于自色境不知唯识？答：如梦未觉，不能自知，要至觉时，方能追觉。觉时，境色应知亦尔，未真觉位不能自知，至真觉时亦能追觉。然诸异生未得真觉，长夜漫漫，恒处梦中，由斯未了色境唯识，贪迷于境，起我法执。由我法执，二障具生，我执为根，生诸烦恼，法执为本，所知障生。由烦恼障，障大涅槃，流转生死。由所如障，障大菩提，不悟大觉。哀哉众生没三有海，受诸剧苦，解脱无因，此意详《中国人之佛教耶教观》第三章。如来慈悲方便，为说诸法唯识，令自观心，舍离外境，舍外境已，妄识亦遣。

谨按：唯识之教，旨在遣执。诸执尽除，悟入圆成实性，识亦随遣。《大论》七十四云："问：若观行者，如实悟入遍计所执自性时，当言随入何等自性？答：圆成实自性。问：若观行者，随入圆成实自性时，当言遣除何等自性？答：依他起自性。"《摄论》亦言："于绳起蛇觉，见绳了义，无证见彼分时，知如蛇智乱。"然所谓遣除依他起之识者，指不执此依他起之识而言，非是灭除此依他起之识。含识种子各有二类：一者有漏，二者无漏；有漏为暗，无漏则为明；有漏为邪，无漏则为正；有漏为染，无漏则为净。明暗不同时，邪正不互容，染净不并峙，当净分依他即无漏种之现行，即正智。起时，即染分依他即有漏之现行，即无明等。断时。染分依他既断，更无有执净分依他者。以执净分依他为有者，惟属染分依他，而此染分依他今已断故，尔时转识成智，除正智更无别体。而此正智能实证一切依他起法自性本空，更不起执，是曰：遣除依他，亦即悟入圆成实性。亦曰正智缘如。盖圆成实性即正智自身刹那生灭自性本空之理，而所谓正智缘如者，亦即自悟其自性本空，恰如其量而不起执而已。诸有不知此义者，或谓别有正智所缘真如，遂同外道之自性神我。或谓悟入圆成，依他可断，遂同断灭外道。毫厘之差,其谬宁止千里哉!

妄识遣故,登无上觉,亲证涅槃,即真如。譬彼由梦而觉,如实了知万法依他缘生,刹那生灭,体无常住,自性都空,恰如其量,更不起执。如契经言:

未达境唯心,起二种分别;达境唯心已,分别亦不生。

知诸法唯心,便舍外尘相;由此息分别,悟平等真空。

至修此唯识观者,以有漏引发无漏,须有大乘二种种姓,经三无量数劫,于五位或十二住,除种姓住。渐次悟入,瑜伽唯识,言之并详,智者自读,兹更不赘。

(1932年《学衡》第19期)

阿赖耶识论

废名

序

　　民国三十一年冬,我一家人住在黄梅五祖寺山麓一个农家的宿牛的屋子里,一日我开始写这部书。我今开始说这句话,是记起陶渊明的话:"今我不述,后生何闻焉?"我的意思很想勉后生好学。此书脱稿则在三十四年秋。这三年中并非继续不断的写,整个的时间忙于课蒙,无余力著作,到三十四年乃得暇把牠一气写成。写成之后,很是喜悦,这一件活泼泼的事算是好容易给我放在纸上了。世间无人比我担负了更艰难的工作,世间艰难的工作亦无人比我做得更善巧。我却不是有意为之,即是说我未曾追求,我是用功而得之于自然。在自然而然之中,我深知中肯之不易了。

　　学问之道本是"先难而后获",即是说工夫难,结论是简单的。只看世人都不能简单,便可知工夫是如何其难了。我这话同学数学的人讲大概容易被接受,因为他会数学便知道数学不是难,是简单。因为简单,答案只有一个。世间不会有两个答案的真理。阿赖耶识便是简单,便是真理的答案。我开始想讲牠的时候,便无须乎多参考书。恰好乡间住着,亦无多书可参考,乐得我无牵无挂,安心著书。不但此也,我还想我著的书只要有常识思想健全的人都可以看，不须专门学者。关于西洋哲学方面，那时我手下有一学生给我的两本古旧的严译《天演论》，我于其中取得译者讲笛卡尔（原译作特嘉尔）的话作为西洋哲学的代表而批评之。我觉得我可以举一以概其余，必能得其要害。何以呢？西洋哲学家对于死生是不成问题的，他们无论唯心与唯物都是无鬼论，这便是说他们不知不觉的是唯"形"，只承认有五官世界了，形而上的话只是理论，不是实在了。故西洋的唯心论正是唯物论。若唯心，则应问死后，问生前，问死后的实在，问生前的实在。所以据实说，宗教与哲学并不是学问的方法不同，学问的方法都是经验都是理智，不过哲学是经验有所限，因之理智有所蔽而已。西洋哲学家能拒绝我这话吗？故我举出笛卡尔来说说便可以的。我因为能简，故能驭天下之繁了。

去年来北平后，买得郑昕教授著的《康德学述》一读，令我欢喜得很，我一面感谢郑先生使我能知道康德，一面我笑我自己真个是"秀才不出门能知天下事"了。我喜爱康德，只是不免有古人吾不见之感，不能相与订正学问。这点心情我对于程朱亦然。在中国有程朱一派，在西洋有康德一派，虽然方法不同，他们是如何的好学，可惜他们终是凡夫，不能进一步理智与宗教合而为一了。照我的意义，哲学进一步便是宗教，宗教是理智的至极。康德认论理是先验的，即是说论理不待经验而有，这同我说理智是本有的，论理是理智的作用的话，不尽同，却是相通的，我的话可以包括他。这一点最使我满意，我没有学过论理学，我本着生活的经验，再加之普通中学的数学习惯，乃悟得理智是怎么一回事，为我的一大发现，而与西方专家的话不相悖。我想求证于西方哲学者只此。

此外则我本着佛法，可以订正康德的学说。我已说过，哲学是经验有所限，因之理智有所蔽，康德亦正如此。郑先生说，康德是"先验的唯心论，经验的实在论"，即是说由理智来规定经验，而经验正是理智施用的范围，离开这个范围是假知识。康德的意思，假知识就好比是我们做的梦一样，不可靠的。佛却是告诉我们人生如梦，也便是知识如梦。梦也正是经验，正如记忆是经验，说牠是假知识，是不懂"实在"的性质而说的话。康德所谓实在，岂不是以眼见为实在吗？耳闻为实在吗？科学的实验为实在吗？换一句话说，便是相信耳目相信五官。其实五官并不是绝对的实在，正是要用理智去规定的。那么梦为什么不是实在呢？梦应如记忆一样是实在，都是可以用理智去规定的。梦与记忆在佛书上是第六识即意识作用，第六识是心的一件，犹如花或叶是树的一件。你有梦我也有梦，你有记忆我也有记忆，是可经验的。康德以为有可经验的对象才是知识，梦与记忆都是有可经验的对象，不是"虚空"。不过这个可经验的对象不在外，因之好像无可规定了。说至此，我们更应该用理智去规定。所谓内外之分，是世俗的习惯，是不合理的。见必要色，闻必要声，是一件事的两端，色与声无所谓外，不是绝对的"对象"。西洋哲学家说是对象，佛书上说是心的"相分"。凡属心，都有其"见分"与"相分"。梦与记忆是意识作用，而意识自有其相分，就法则说，意识的相分本不如五官识的相分为世俗所说的那个外在的对象罢了。不应问外在的对象，只应问你的意识同我的意识是不是受同一规则的规定，如果你的意识同我的意识是受同一规则的规定，那便是经验的实在了。

阿赖耶识更好像是没有对象，不可经验，其实我们整个的心就是阿赖耶识，我们谁都有心的经验，为什么没有对象呢？整个的世界整个世界的法则正是这个对象了。不以这个为对象，正因为你是执著物罢了。我想打一个比方来说明什么是康德认为经验的实在，什么是他认为不可经验的。他认为经验的实在好比眼面前立着的一株树，分明有一株树的根茎枝叶花果，人人得而经验之，若已给风吹离开了这株树而是这株树的种子则不在他的意中，他没有考虑到这件事了，他所认为不可经验的正相当于这颗离开原树的种子，其实是经验的实在了。《华严经》说"识是种子，后身是芽"，这个识，是阿赖耶识，是实在的。懂得这种子阿赖耶识，正因为懂得吾人的世界是阿赖耶识，正如一株树与一颗种子是一个东西，都应该是经验。大家以眼面前的一株树为经验，却从不以离开树而尚未发芽再长成树而是树的种子放在意中，即不以"识是种子"的识为经验，有之则斥之为迷信，因为吾人不可得而见闻之也。独不思，梦，吾人不可得而见闻之，而吾人有梦之经验，觉而后知其为梦也。我这话，无人能拒绝的。

说至此，更有一重大问题，或者不如说更有一有趣问题，因为问题便是问题，无所谓重大不重大，而这个问题确是很有趣了，即我所发现的理智问题。郑先生说，康德认"纯我"或"心"是分辨了别的主体，"在一切判断中牠是主体，没有牠即没有判断。牠是每个可能的判断的主体，而不能是任何判断中的对象。牠是不具任何经验的或心理学的内容的。"这话颇可以拿来形容理智，理智简直是《易·系辞》所谓神无方而易无体的"神"，因为"牠不能是任何判断中的对象，牠是不具任何经验的或心理学的内容的"，牠无在而无不在，我们一切合理的话都是理智在那里替我们作主而说的，小学生算算术是理智作用，哲学家如康德亦不过是理智作用，你的话说得对一定是合乎理，你的话说得不对一定可以指出你的不合理的地方，而理智本身无话可说，是言语道断，一言语便不免具有"经验的或心理学的内容"了。

若康德所谓纯我或心而为判断的主体者，倒不是判断的主体，而是判断的对象，即是说牠具有经验的或心理学的内容，这个纯我或心，佛书上叫做末那识。末那识以"恒审思量"为性相。我们的感觉应没有相同的，然而我们可以有同一的知识，正因为我们有一个同一的"我"。同一的知识同同一的"我"正是一个东西，是恒审思量的末那识，是结缚。因为是结缚，所以同一，正如一切东西关在箱子里而同一了。东西不同，所有权是同一的。然而东西剥掉了没有另外的所有权，故说纯我或心正是"经验的或心理学的内容"。佛说"诸法无自性，一切无能知"，我们的心是一合相，没有一个独立的实在，如世间不能单独的有一枚活的叶子，不能单独的有一朵活的花，无所谓"我"，无所谓"主体"，总之是"经验的或心理学的内容"。离开"经验的或心理学的内容"则是解脱，而解脱亦是可经验的。解脱是工夫，解脱乃无所得了。学问的意义在此。无所得才真是理智的实在，你可以随俗说话，你的话将总说得不错。而世间哲学家的话正是结缚的言语。笛卡尔说"我思故我在"，正可以代表西洋哲学家的结缚的言语，独不思他是认"思"为"我"，离开经验没有思，离开思没有我，说"思"也好，说"我"也好，都是"经验的或心理学的内容"。我感得一大可惊异事，何以西洋哲学家都不能"无我"？他们的理智作用为什么不能擒贼先擒王呢？因而陷于一个大大的理障。他们的工夫都是很好的，我们应该向他们介绍佛法，然后他们真是如释重负了。我说离开经验没有思，离开"思"没有"我"，正是佛说的"一切法无我","一切无能知",西洋哲学里头完全没有这个空气。所谓"经验",所谓"思",所谓"我",是没有起点的,佛书上谓之"无始"。若以"生"为起点,自然以"死"为终点了,这便叫做"戏论",也正是俗情,是可悲悯的,是经不起理智的一击的。所以说唯心,答案便是阿赖耶识。牠是缚解的话。这里才见理智是神。我深愿中国研究西洋哲学者将牠介绍于西洋哲学界。这是觉世之道。

我在本书里说心是一合相,认有宗菩萨说八识正是说心的一合相,是我左右逢源的话,一合相三个字我却是见之于《金刚经》,除了空空一个名词之外,《金刚经》上没有任何解释,我毅然决然照了我的解释。去年来北平后买得《摄大乘论》世亲释一读,见其释心"由种种法薰习种子所积集故",有云:"所积集故者,是极积聚一合相义。"是证余言不谬。

在黄梅关于宋儒只有一部《宋元学案》,来北平后买得二程张朱诸子书读,甚是喜悦。他们都能"无我",他们能"无我"故能认得天理。所谓"天理",不是一个理想,是实实在在之物,因为天地万物是实实在在的。天地万物不是你我,正是天理,是天理的显现。我在一篇文章里打了一个比方,天地万物好比是几何学的许多图形,天理好比是几何这个学问,几何这个学问是实在的,牠不是空虚无物,而任何图形都是几何这个学问的全部表现。所以天理是体,天地万物是用,即用见体。宋儒见体,然而他们不能说是知道用。必须懂得理智是神才是知道用。他们以生为受,以死为归,即是受之于天归之于天。这样理智无所用其神了。这样于理智不可通。这样不是即用见体,而是体与用为因果。这便叫做神秘,因为无因果道理之可言。事实是,死生自为因果,所谓"种生芽法"——这正是理智。因果是结缚,结缚才成其为因果——这正是理智。结缚则本来无一物,本来无一物故正是理智。于是理智是用,即用见体了。儒佛之争,由来久矣,实在他们是最好的朋友,由儒家的天理去读佛书,则佛书处处有着落,其为佛是大乘。因为天理便是性善,而佛书都是说业空,业空正是性善了。若佛书宗教的话头多,是因其范围大些,即是用之全体。

朋友们对于拙著"论妄想"一章所发表的意见最令我失望,即吾乡熊翁亦以我为诡辩似的,说我不应破进化论。是诚不知吾之用心,亦且不知工夫之难矣。佛教是讲轮回的,我们且不谈,即如孔子亦岂不斥近代生物观念为邪说的?"天生蒸民,有物有则,民之秉彝,好是懿德。"这岂是近代生物观念?进化论是近代生物观念的代表,是妄想,是俗情,我破之而不费篇幅,却是最见我自己平日克己的工夫。我半生用功,读提婆《百论》一句话给了我好大的觉悟,他说,"若谓从母血分生以为物生物者,是亦不然。何以故?离血分等母不可得故。"是的,离血分等母不可得,于是我切切实实知道世人之可悲都是离分别有有分,再回头来读提婆的书,菩萨所以谆谆诲人者都是破这个妄想了。"头足分等和合现是身,汝言非身,离是已别有有分为身。轮轴等和合现为车,汝言离是已别有车。是故汝为妄语人。"我读科学家讲木生子的话,知道科学家亦正是凡夫,是菩萨所说的妄语人,大家确有离种子别有木的执著,种子好比是幼体,木好比是母体,木是能生,子是所生。我这样攻击科学家,正是我自己知道痛处。我的攻击也最得要领,正是我应该说的话,我知道范围。我的朋友们尚无有能知道我这部书的一贯处,尚无有能知道我的选择。我从没有范围的如虚空法界选择一个最好的范围了。我破进化论正是讲阿赖耶识正是讲轮回。我最得佛教空宗有宗的要领。我的书没有一句宗教的口气，然而理智到颠扑不破时是宗教。三十六年三月十三日，废名序于北平。

第一章　述作论之故

　　我在二十四年作了一篇小文章,题目是"志学",写的是我当时真实的感情。因为那时我懂得孔子"四十而不惑"这一句话,也便是"朝闻道夕死可矣"的喜悦,同时又是一个很大的恐惧,原来我们当初算不得学,在人生旅途当中横冲直撞,结果当头一棒令自己睁开眼睛一看,呀,背道而驰竟也走到了原处！本不知道有这么个处去,到了这个处去乃喜于自己没有失掉,其惭愧之情可知矣,其恐惧之情可知矣,不知道自己尚有补过之方否,于是我有志于学。所以我的志学乃在不惑之后。到现在这已是七年前的事了。在这几年之中,遭遇国难,个人与家庭流徙于穷村荒山之间,其困苦之状又何足述。只是我确是做了一个"真理"的隐士,一年有一年的长进,我知道我将在达尔文进化论之后有一番话要向世人说,叫世人迷途知返,真理终将如太阳有拨云雾而现于青天之日,进化论乃蔽真理之云雾也。今天我决定写此《阿赖耶识论》,我愿我的工作进行顺利。

　　开首就以摧毁进化论为目标,因为他是一个无根的妄想而做了近代社会一切道德的标准,殊堪浩叹。往下我的说话却不必与他有交锋之点,只要话说明白了,进化论不攻自破,世人知其为妄想可也。大凡妄想都是无根的，哪里还有攻击的余地呢？所以我诚不免有孟夫子"我亦欲正人心息邪说"的意思，然而我说话的方法完全是论辩的，我的态度也完全是为学问而学问的态度。有话说不清楚不说可也，世道人心不能替你做口实。万一给我说清楚了，正在我而负在你，你便应该信服我，对于世道人心你也应该负责任。总之我攻击的目标是近代思想，我所拥护的是古代圣人，耶苏孔子苏格拉底都是我的友军，我所宗仰的从我的题目便可以看得出是佛教。

于是说到我的题目。我选择阿赖耶识做题目，却是从我的友军儒家挑拨起来的。我欢喜赞叹于大乘佛教成立阿赖耶识的教义，觉得印度圣贤求真理的习惯与欧西学人一般是向外物出发，中国儒家则是向内，前者的方法是论理，后者的方法等于"诗言志"。究其极儒佛应是一致，所谓殊途而同归，欧西哲学无论唯心与唯物却始终是门外汉未能见真。儒家辟佛是很可笑的，他自己是差之毫厘，乃笑人谬以千里。"惟于理有未穷,故其知有不尽"，朱夫子的话可以转赠给孟子以下宋明诸儒。世之自外其友者，未有过于儒者之于佛也。欧西学人因为与天竺菩萨求真习惯相同故,菩萨之言说，都是学者之论理，那么科学家何以动斥彼为"宗教"，一若宗教便是感情，便是迷信，便是一个野蛮的东西，此科学家之最应该反省者也。时至今日印度学问之真面目真应该揭开，只要指出来了，好学深思之士岂有不承认之理。而中土读书人则因笼统于认识事理，急迫于眼前生活，未必乐于谈学问，未必不笑我们迂阔。试看汗牛充栋一堆物事，除了和尚们翻译的经论而外，还剩下有几部书够得上著作？宋明儒者深造自得是我所很尊重的，他们对于真理于我有很大的启发，在我懂得他们的时候不知手之舞之足之蹈之，然而他们辟佛，在这一点他们仍是三家村学究。他们每每令我想起印度菩萨，印度菩萨也每每令我想起这些儒者，我觉得我应该为儒者讲阿赖耶识，然后他们未圆满的地方可以圆满，然后他们对于真理的贡献甚大，而我只是野人献曝而已。那么我的《阿赖耶识论》乃所以教儒者以穷理，而穷理应是近代学问的能事，欧西学人有不赞同我者乎？我以阿赖耶识做题目的原故是如此。此外还有一个近因，黄冈熊十力先生著有《新唯识论》，远迢迢的寄一份我，我将牠看完之后，大吃一惊，熊先生何以著此无用之书？我看了《新唯识论》诚不能不讲阿赖耶识。熊先生不懂阿赖耶识而著《新唯识论》，故我要讲阿赖耶识。所以我的论题又微有讥讽于《新唯识论》之不伦不类。熊先生著作已流传人间，是大错已成，我们之间已经是有公而无私。

我的材料将一本诸常识，我的论理则首先已声明了是印度菩萨与欧西学者所公用的。我不引经据典，我只是即物穷理。我这句话说得有点小气，但这一句小气的话是我有心说来压倒中国一切读书人的。方我在这个穷乡陋室之中着手著书的时候，大哥问于我曰，你能不要参考书？他的意思是，你手下几部书而已，说话不怕错么？其实大哥是惑于中国一向以读书为穷理之传统。哥伦布发现西半球不是读书来的。达尔文研究生物也不是捧着书本子。吾友古槐居士曾经说过，何必读书然后为学，这句话是不错的，孔子责子路不是说他这句话不对，是说子路不该以这句话为理由，故说他是佞。我亦以为如此。我常赞叹印度菩萨的著论，他们那里目中有一部经典在？他们才真是"博学于文，约之以礼"。真理是活的，又真是"瞻之在前，忽焉在后"，从那里下手就权且从那里下手。中国只有程朱诸子有此力量，此外则不知学问为何事。我今欲为中国读书人一雪此耻。我谈佛教而不借助佛书，我只有取于常识。然而我的道理都是从佛书上来的。我因为懂得道理，说话不能不印证于佛书，佛书上没有的我便不敢说，我也便没有佛书上没有讲到的话。我从前读英国诗人莎士比亚的剧本，如读莎士比亚个人的传记。我后来读印度佛教大乘小乘空宗有宗的经论，犹如我个人对于真理前前后后一旦豁然贯通之。请诸君相信我的话都不违背佛教。不违背佛教便是不违背真理，不违背真理便是认识自己。

第二章　论妄想

当初哥伯尼说地是动的,哥伦布说他从西边可以走到印度去,一般人都说这是妄想。后来事实证明又不是妄想。其实即使未经证明,我们也不能说地动地圆是妄想,因为他们的推论是合理的,他们的合理乃是根据于事实。再经事实证明,乃是合理的价值罢了,并不是事实的价值。事实是无所谓价值的,你说天圆而地方于事实之价值无损。有一回我同一个初中学生讲牛顿与苹果的故事,他听到我述说牛顿的思想,苹果何以不向上"落"而向下落?何以不左倾右斜?他很以为异。他的神情是说牛顿是妄想。我解释道:"你不要奇怪,天下没有向上落的东西么?风筝不是向上落么?风筝不左倾右斜么?"于是他笑了,他的智力足以明白向上飞也是一种"落"。他乃承认牛顿的思想是合理的。我家有一个小孩子,在他四岁的时候,冬天里望着天下雪,问我道:"爸爸,雪是什么时候上去的?"家里的人都笑他,仿佛笑小孩子爱妄想。我不以为他是妄想,我只是暗地里好笑,何以小孩子也属于经验派?(读者诸君,是他呱呱堕地以后四年之内的经验么?)他应该有他的童话,下雪应是一个童话世界,而他却是合理的推理。科学家会告诉他雪是天晴的时候上去的,叫做水蒸气。因为小孩子的推论是合理的,所以科学家的事实替他回答了。有时"妄想"即事实。鱼是怎么游的?鸟是怎么飞的?那么合乎鱼游鸟飞的法则,我们圆颅方趾之伦也应该飞,也应该游,于是我们水行的器具有了,叫做船;空行的器具有了,叫做飞机。常情之所谓妄想,科学家每证明是事实。

然而我今天的主意是说科学家偏妄想。我在此曾有学生拿着严译《天演论》要我讲授,我翻开书面,"光绪辛丑仲春富文书局石印",乃旧雨重逢,我小时在乡间读的《天演论》,正是这样两册书,以后"物竞天择""生存竞争"的思想也都是从那时来的。于是我捧着这两册书,我不为学生讲,我自己翻阅着,满纸荒唐言,真不啻读一部旧小说,令我叹息又叹息。在上卷第三篇译者按语云:

学问格致之事,最患者人习于耳目之肤见,而常忘事理之真实。今如物竞之烈,士非抱深思独见之明,则不能窥其万一者也。英国计学家马尔达有言,万类生生,各用几何级数,使灭亡之数,不远过于所存,则瞬息之间,地球乃无隙地。人类孳乳较迟,然使衣食裁足,则二十五年其数自倍,不及千年一男女所生当遍大陆也。生子最稀莫逾于象,往者达尔文尝计其数矣,法以牝牡一双,三十岁而生子,至九十而止,中间经数,各生六子,寿各百年,如是以往,至七百四十许年,当得见象一千九百万也。又赫胥黎云,大地出水之陆,约为方迷卢者五十一兆,今设其寒温相若,肥确又相若,而草木所资之地浆日热炭养亚摩尼亚莫不相同,如是而设有一树,及年长成,年出五十子,此为植物出子甚少之数。但群子随风而飑,枚枚得活,各占地皮一方英尺,亦为不疏,如是计之,得九年之后，遍地皆此种树，而尚不足五百三十一万三千二百六十六垓方英尺。此非臆造之言，有名数可稽，综如上式者也。

每年实得木数：

第一年以 1 枚木出 50 子=50

第二年以 50 枚木出 50² 子=2500

第三年以 50² 枚木出 50³ 子=125000

第四年以 50³ 枚木出 50⁴ 子=6250000

第五年以 50⁴ 枚木出 50⁵ 子=312500000

第六年以 50⁵ 枚木出 50⁶ 子=15625000000

第七年以 50⁶ 枚木出 50⁷ 子=781250000000

第八年以 50⁷ 枚木出 50⁸ 子=39062500000000

第九年以 50⁸ 枚木出 50⁹ 子=1953225000000000

而英之 1 方迷卢=27878400 英方尺

故 51000000 方迷卢=1421798400000000

相减得不足地面=531326600000000

夫草木之蕃滋，以数计之如此，而地上各种植物，以实事考之又如彼，则此之所谓五十子者至多不过百一二存而已。且其独存众亡之故，虽有圣者莫能知也，然必有其所以然之理，此达氏所谓物竞者也。竞而独存，其故虽不可知，然可微拟而论之也。设当群子同入一区之时，其中有一焉，其抽乙独早，虽半日数时之顷，已足以尽收膏液，令余子不复长成。而此抽乙独早之故，或辞枝较先，或苞膜较薄，皆足致然。设以膜薄而早抽，则他日其子又有膜薄者，因以竞胜。如此则历久之余，此膜薄者传为种矣。此达氏之所谓天择者也。……

第二章　论妄想

　　我告诉诸君，这些话都是妄言，首先世间无此事实，不能作假设，上面的算式，正如小学生课本上的算术题目，是教师捏造出来的，第一年以一枚木出 50 子，第九年以 508 木出 509 子。又正是佛书上所说的兔角，夫兔角者，在文法上与"羊角""牛角"同成为名词，无奈我们平常说话不能以此开口，也就没有人以此开口，因为世间无此事也。我说达尔文、赫胥黎的事实等于"兔角"，并没有对不起他们的意思，他们实在是对不起科学。科学总应该根据事实，哲学家则本是妄想。那么科学家的事实我是承认的，我所明以告世人者，世上的科学家都是哲学家，于是他们的事实是妄想。"一枚木年出五十子"，菩萨说这句话不能成立，首先"木"字不能成立，因为离开"子"没有"木"故。我们说"某甲有钱"是可以的，但说"某甲有脚"则不可。说"某甲有脚"，等于说"某甲有某甲的脚"。把脚除开，把手除开，把肢体器官除开，什么是某甲呢？说"木出子"，犹之乎说"某甲有某甲的脚"。真的，一般科学的哲学家应该没有发言权，他们说话只能说是没有文法的错误，他们尚不能说是懂得论理，因为他们不懂得事实故。我们眼见由种子而芽而根茎枝叶花果，除却种子芽根茎枝叶花果别无什么东西叫做"木"。说"一枚木年出五十子"，仿佛一方面有木，一方面有子，是妄想，不是事实。由妄想堆积而成的算式，是妄想而已。世间植物，布种发芽以至根茎枝叶花果，都是事实，我们一一得而研究之，但研究不出"生存竞争"的事实来。如说此存而彼亡，非生存竞争焉有此结果，须知存亡是植物的事实，彼此是人生的意见。如刚才所说，我们眼见有由种子而芽而根茎枝叶花果这样的东西，另外没有一个东西叫做"木"，没有一个东西叫做"木"能生出子来，于是而有能生之"木"与所生之"子"，于是而此所生与彼所生争生存。人生有"业",故意见亦造作事实,于是生存竞争是人生之事实。

第三章　有是事说是事

我尝默契于印度菩萨说话的原故，即是有是事故说是事。换一句话便是，没有的事不说，此其一；说此事不乱说，此其二。比如火，是有的，我们便说他。要说他怎样说呢？说火烧房子么？那便是乱说，乱说的话便不一致，你说火烧房子，我说火作光明。菩萨说火，说火相暖。这个规矩，应该就是科学家的规矩，我再说一遍，没有的事不说，说此事不乱说。然而科学家都是哲学家，是唯物论者，于是科学家的事有范围。世间本来没有范围，要说范围，范围如虚空，掘地得穴虚空不因而加增，堆石为山虚空不因而不足，故有范围结果便不守范围，没有范围乃随处是范围。科学家择"知之为知之，不知为不知"作科学的谦德，佛则说是无不知。是的，无不知是宗教，亦必无不知而后乃为知。无不知故没有范围，没有范围故选择，选择乃为知也。若有范围，安得而言知？安得而守范围？科学家能够制造话匣子，但说话的原故呢？照相机能够照相，但我们看东西的原故呢？我从前读英国汤姆生一篇谈虫声的文章，甚觉有趣，作者说世上的声音最初是无生物的声音，如山崩海啸，那真是一个很有趣味的世界，世上喧哗得很，但也寂静得很，谁在那里听这个声音呢？那么声音这两个字的意义又如何而成立呢？我当时并不是认真起这些疑问，只喜欢汤姆生的文章美丽。现在我记得这件事，感于科学家不足以言知，不足以言知道"声音"。其原故因为有范围。科学家以为声音就是话匣子的声音，研究声音便是研究声浪，他忘记了有耳在那里听，于是科学家的耳等于电话机上的听话机。于是天下的事情只有听话机的范围。所以科学家的"不知"亦是知，他知道话匣子不知道照相机，是不知也，然而他的照相机的范围即是话匣子的范围，故他仍是知。倘若你告诉他天下的事情不是这个范围，没有范围，那么科学家的话都越了范围，因为他是以不知为知也。总之科学家是有的事不说，因之说的事不免于乱说。菩萨是有是事故说是事。

我们就风的现象来说。菩萨说风，说风相是动。比如一棵树本来是立着不动的，忽然枝叶摇动起来了，是因为风的原故。动是风的性质，犹如暖是火的性质。人非水火不生活，其实生活也是不离开风的，我们谁能不呼吸呢？我家小孩子在庭前种瓜果，也知道选择"过风"的地方。可见风是事实。科学家对于这个事实怎么说呢？科学家对于这个事实没有说。科学家只说空气，一空气是不动的，犹之乎水流而水相不是动，菩萨说水相湿。是的，科学家不认识动的现象，所以科学家不认识动物。我说科学家不认识动物，并不含有讥讽的意思，照科学家的范围是不许有动物的。科学家的动物不同火车行路飞机航空是一样的物事么？其实动物的定义很简单，动物是能动的。动物何以能动呢？大凡动，是风的性质，我们看见物动，知道起了风。现在看见有动物，不待外风而自动，必是此物自己起了风也。因为动必是风的原故，犹如暖必是火的原故，此是物理。自动是自己起风，此是心理。菩萨说心发起风。必有物,此是耳目所共见闻的;必有心,此是科学家所不承认的。岂但不承认而已,而且不许别人说,你说有心,算你不识时务。科学有心理学一科,这个心理学即是那个物理学,其所说的现象虽是心的现象,发生这个现象的东西则是物也,神灭论者说是犹如刀之与快。什么叫做刀?我们能替刀下一个界说么?刀是人生的业,不应有物曰刀,犹如我们眼见林中有树,不见有物名曰椅子曰桌子,桌子椅子是人生的业。什么叫做快?说刀已是无此物,说快又岂是此物之相?科学家在谈物理的时候,何至如此无物无相但有言说,但说心与物的关系,其乱说类此。其原故因为不知有心。科学家不知有心而不说,说亦不说心这个东西而说心的现象,于是有心的现象而没有心这个东西,于是心这个东西即是物这个东西,所以科学家是唯物的哲学家。在另一方面,世有唯心的哲学家,须知唯心的哲学家亦是唯物,因为他们眼见物而已,他们离开物没有东西,他们以物的现象为心这个东西,于是他们不曾说物这个东西,他们亦不曾说心这个东西。心有心这个东西,这是我首先要请大家认识的。菩萨是将心这个东西与物这个东西等而说之,所谓色法与心法。有一个东西的现象必有一个东西之体,如有动之现象斯有风之体,何独于心之现象而不认识心之体呢?科学家不认识心这个东西,正同不学科学的人呼吸空气而不认识空气一样。科学家将伤心与涕泪混为一事,伤心人有其事,涕泪人见其形,一心一物,此固毫不成问题者,而问题正在这里。我必诉之于科学家之理智请认识此问题。

　　我重复的说,有一个东西的现象必有一个东西之体,比如物理学研究光,研究声音,研究磁电,声光磁电各有其现象斯各有其体。心的现象,亦世间现象之一种也,如哀,如怨,如希望,如恐怖，如羞耻，如贪，如痴，如怒，如推理，如记忆，如忍耐，如发愤，如闻一知十，举一隅不以三隅反，科学家的心理学总析之为知与情与意。说这些心的现象待感官与外境而生起，是的，但生起的是这些心的现象，不是心这个东西，犹之乎我们打电话，电话通了，即是现象发生了，要待许多条件许多配合，然而即使电话未通，即使电话机器尚未发明，电之为物仍在，不能因为没有通电话的现象而失却电这个东西。所以心的现象未发生，心这个东西仍是有的——这句话这么说诸君不以为可笑么？这么说不同主人不在家你说你的主人没有了一样的不合事实么？一方面我们承认物，一方面我们也要承认心。照相机的范围是物的范围，我们的眼睛诚然同其范围。听话机的范围是物的范围，我们的耳朵诚然同其范围。鱼游的条件舟行的条件同之，鸟飞的条件飞机的条件同之。你懂得自然法则，你还制造物品出来证明自然法则，真个是有物有则。于心亦然。乐则笑，哀则泣，羞则脸红，怒则气盛，贪食垂涎，忧思不寐。心不在焉，视而不见，听而不闻，食而不知其味。庄周曰，可行已信，而不见其形。世人特以不见其形而遂不知有心这个东西耳。有之则指着我们体内的心脏。科学家的部位不同，指着脑。我们有脑，犹如有耳目，然而脑与耳目不是心，是感官。心藉感官，犹如藉外物。外物不是心，犹如感官不是心。因为是心不是物，所以"不见其形"。如说不见其形所以没有，有何以必是形？你昨夜做的梦呢？你今天的记忆呢？如说那是因为有生理在，即是有物在，所以有此心理作用。（科学家动辄曰生理作用、心理作用，其可笑一如说刀与快的关系，无物无相但有言说，乱其平日说物的规矩，经我指出，应该反省。）那么在你记忆一个东西记不清楚的时候，是因为你的生理有缺欠

第三章 有是事说是事

么？如果不是因为生理有缺欠而有记忆不清楚之事，则记忆这个现象不能说是生理作用。如曰是因为生理有缺欠而有记忆不清楚之事，则在你记一个字记不清楚的时候何以翻开字典便记清楚了？可见你记忆不清楚不是生理有缺欠，乃是心的现象（因为记忆是心的现象），必是心藉感官（如眼睛）与外物（如字典）而生起的。而感官与外物不即是心。心有心这个东西，犹如有眼睛，有字典，各有其自体。这个东西最直接的证明应莫过于良心，不藉感官，无待烦言，人人有的，人人自证，而今世之哲学家却坚决的否认之，遂令我不好开口，一若此事应无庸议者。此天下之最可惊骇者也。此事姑且留到最后再说，那时也容易说得清楚。

我姑总说一句，世人都是唯物的，无论哲学家，无论科学家，无论老百姓（老百姓程度尚浅），都不知道心有心这个东西，但我们必须认识心有心这个东西，然后凡人是这个东西，作佛也是这个东西，活在有这个东西，躯壳没有了这个东西也不是没有，因为他本是不见其形，何得谓之"没有"？然后你能懂得佛教，然后只有佛是唯心。这时你懂得佛是不妄语，有是事故说是事。

第四章　向世人说唯心

心有心这个东西，是事实，如果讲道理，道理是无有不承认事实的。无奈世人"执著"，就是惑。自哲学家以至于老百姓，皆惑也。佛说轮回的原因是"无始乐着戏论"，我窃叹其确切不可移易，思一言以有助于世人，而佛已昭示给世人了，世人不理会。乐着戏论，尤莫过于学人之惑，他们耳目聪明，诸事以为求决于理智，而根本不讲理，根本是执著，犹如人之见物而不自见其目也。与学人之惑相对，有老百姓的迷信，破除迷信，那不是我的意中之事。中国人的迷信其实很浅，智愚贤不肖的思想都是经验派，一方面不相信上帝，一方面也不相信神我，只是相信五官，在这一点确是科学之友。因此之故，我今破执著的方向甚简单，我破执著即是破常识，唯一是对经验派说话。

我说有心，因为是心不是物，所以不见其形。如说不见其形所以没有，有何以必是形？讲道理这几句话已极尽道理之能事，毫无疑义。然而汝不知反省，对于我的话深恶而痛绝之。何以故？汝总是执著有一个东西故也，这个东西应该是可以执之于掌握中者也。我说话在有心这个东西，躯壳没有了心这个东西也不是没有。这句话，常情尚可容纳，不至于厌恶，但问我道："不是没有

第四章 向世人说唯心

当然是有,有,我何以不晓得呢?"此问殊堪同情,我思首先答复一番。你说"不晓得"么?我且问你,睡觉的时候,"我"晓得么?在耳目不及的范围,"我"晓得么?你能知道百里以外的事情么?平常所说的"我晓得",并不是有一个"我"。超乎诸事之外,然后诸事"我"晓得;乃是诸事配合起来而说一句笼统的话"我晓得"。比如今天下雨,我晓得今天下雨。我晓得今天下雨,是由于有眼看着雨,或有耳听着雨声,诸事一齐作用,才生出今天下雨的意识,诸事之中缺少一件就无所谓"我晓得今天下雨"了。雨淅沥淅沥的响着,聋者便不晓得。所以把雨点或雨声,眼或耳诸事除开没有一个另外的东西叫做"我"。"听雨明明是我的耳朵听,不是聋子的耳朵听,为什么不说是我呢?"那么聋子有"我"么?照常情,当然不能说聋子没有"我",然而聋子"不晓得"。可见我们不能以"我不晓得"来否认"有"。佛说"一切无能知",我们可以承认一切事情,而不能承认"我",而一切事情不能独立成知。所以说"不晓得",本是不晓得。倘若晓得的话,便应无条件,能知百里以外,能知千载以后,岂不荒诞乎?"有"而"不晓得",不足怪也,法则本是如此;晓得才是怪。我们平常乃说"晓得",于是妄以"晓得"为我,于是又说"我晓得"。于是无我而执著有我,无知而说知,虚度此生。佛说我们是"乐着戏论"。我们要相信聋者可以成佛,盲者可以成佛,正如我们五官完全的人可以成佛。我们要相信我们的耳朵我们的眼睛都不是"我的",可以割掉,正如我们的牙发落在地上可以弃之而不顾。我们要相信佛书上所说的忍辱的故事是真的,正如耶稣基督背十字架是真的。

诸君,你说你的眼睛是你的是可以的,无奈你因此迷失道理，故我劝你不如割去眼睛。你或者因此可以得救。在痛定思痛之后，请你再来想一想，你或者可以相信我不是空口说白话和你谈玄。你爱惜你的身子，并不是因为懂得道理而爱惜你的身子，乃是爱惜身子因而丧失自己，而这个自己是真的——便是佛！你所爱惜的，你说是"我"，却是假的，是你的妄想。什么叫做我的眼睛呢？我在"论妄想"那一章里曾说达尔文赫胥黎口中的"木出子"是妄想，因为把根茎枝叶花果种子这些东西除开，没有一个能生叫做"木"。我们可以图示之：

种子——芽——根——茎——枝叶——花——果

这几件东西，种子，芽，根，茎，枝叶，花，果，都是有的，我们可以指出牠的实体来。但离子则"一枚木"这个东西不可得，你指不出这个东西给人家看，你要指木给人家看，你还是要绘出一个图形来，这个图形仍不外这几件东西，种子，芽，根，茎，枝叶，花，果。所以你心目中的"一枚木"是你的妄想。说"我的眼睛"亦然。我们可以绘一个图形，有耳目口鼻手足等器官肢体，正如植物种子芽根茎枝叶花果诸件，但绘不出"我"来。说"我的眼睛"正如说"木出子"，离开种子"木"不可得，离开眼睛"我"不可得。又如我们说"一座房子"，房子是砖瓦门窗梁柱等等聚合起来的假名，若指着砖说房子的砖，指着瓦说房子的瓦，此时的房子应无有此物（因为说砖则不应有房子，必待砖聚合而有房子），何得以此物来表明砖瓦说是房子的砖瓦乎？指着你的眼睛说是"我的"，无异于指着砖瓦说是"房子"的，"我"与"房子"是你执著的一个东西。你以为有这个东西！故我相信有人要将你的眼睛剜掉，而你相信真理，你必然无怨无怖，等候真理指示。真理这时指示你，你的眼睛本无"我"，你不因为剜掉眼睛而丧失自己，你

第四章　向世人说唯心

依然故我也。眼睛如是"我的"，那么也不过如你的眼镜是你的一样，你何至于如此无知，执著身外之物你的眼镜说是"我的"呢？然而世人谁又不是如此无知如此执著呢？所以说你认贼作子，你确是认贼作子。你将说，"我的痛苦是我受，我有过失我承当，君能替我作恕辞乎？我何劳君作宽解乎？"是的，是的，这里我应告诉你无作无受。有痛苦然而无我，有过失然而无我，理由仍如前破"我的眼睛"。我们的感情可以析为诸种，如喜，怒，哀，乐，我们可以指示之：

喜——怒——哀——乐

这几件事，喜，怒，哀，乐，都是有的，但另外没有一件事叫做"我"。说我喜我乐，岂非以喜乐为我，犹如以砖瓦为房子？"是我喜乐不是你喜乐，我喜乐与你喜乐有异，何得不说是我喜乐呢？"无我何得有"你"呢？说"你"乃是汝之我见未除也。"然则我们大家都是谁呢？"都是佛。都是真理。你信不及吗？不能明白吗？我甚为汝惜。我们感受痛苦，我们有所造作，我们眼见色耳闻声，作此想作彼想，佛书上别为色受想行识五蕴，色受想行识可以承认有其事，不可以色受想行识而执著有我。以受为"我"受，作为"我"作，见为"我"见，晓得为"我"晓得，那是惯习使然，犹如我们站在溪上，看见水里的影子，以为有一个人影，不知这个影子的认识是惯习使然，惯习的势力甚大，故虽智者亦难免有此静影之见，然而汝非下愚不难知道流水里无此立着的人影也。我们平常是以感受痛苦为"我"，以晓得为"我"，并不是有"我"来感受，有"我"来晓得，名理实是如此。而愚痴实是如此——我们谁不说是"我感受""我晓得"呢？举世一切恶事都从此愚痴来——谁不是因为"我"的原故而不肯让人呢？举世一切名理亦都从此愚痴来——谁的名理是建筑在"无我"之上方便作说呢？举世学人当然都是讲名理的，他不知佛所讲的亦是名理，惟学人的名理是从"无明"来，即是惑，故不能信佛，故不能懂得佛的名理。若说名理，佛与学人原无二。我今说无我的话，世人应无能非我者。其实无我即无色受想行识，因为色受想行识而执著有我，因为执著有我而转于色受想行识，到得以我见为愚痴，犹如悟得绳子无有绳子（我们谁不是看见有一条绳子呢？谁能见绳子犹如见麻而不执著麻相呢），则结缚已解，汝是明觉。那么我们承认色受想行识有其事，是就世间名理说话，就世间名理说话我见是愚痴。"然则世界到底是什么一回事呢？谁要我们受苦呢？谁令我们愚痴呢？所谓天地不仁以万物为刍狗者不信然耶？"汝作此想，正是汝的我见，汝何愚痴之甚。结缚解便是明觉，明觉何有愚痴？以世间现象作比，光明之下黑暗何在？众生（实无有众生）是愚痴，佛是明觉。换言之，愚痴是众生，明觉是佛。众生与佛不异,愚痴与明觉不是两个范围。我们以图示之：

暗　光

　　光之下无有暗，光却不是异于暗的范围，或超于暗，或大于暗。而暗即是光,因为由暗可以达到光。所以光与暗是一个东西。故众生是佛，佛是众生。愚痴正是佛要我们认识他。认识他便是认识我们自己。君再不可以痴人说梦话。

　　无我便能信佛，实不应多说话。然而往下我要谈唯心的问题。谈唯心所以破法执。从用功的过程说，破我执尚易，破法执为难。好比你能够知道说"我的"眼睛非是，而"眼睛"这个东

第四章　向世人说唯心

西仍在，将如何发付呢？世间学人本其耳目聪明，其执著有一个东西较不读书人为甚，故必须破法执。我破法执即是破唯物，故谈唯心。色受想行识五蕴，色法是物，受想行识是心法，色法与心法本是等而说之，然而那是就因果法则说话。无我即无色受想行识，色法已连带破了，然而物之惯习根深蒂固，我们还应大声疾呼向世人说唯心。达尔文赫胥黎说木出子，我说他们心目中的"木"是执著的一个东西，非世间果有此物，犹如我们执著有一条绳子，而世间本没有一条绳子，我们眼见的是麻。即此已足以说明唯心，非唯物。你能说"一枚木"不是你的意识作用吗？"一条绳子"不是你的意识作用吗？好学深思之士从此受了一打击,我们平常颠斤簸两乃是为了镜花水月之故。于是你将有根茎枝叶花果种子而另外无"一枚木"，犹如有麻而无绳。须知万法唯心。绳子固然是心的执著，麻亦是心的执著。木是心的执著，根茎枝叶花果种子亦是心的执著。除却眼之于色，耳之于声，鼻之于香，舌之于味，身之于触，再加上一个意识，什么叫做"物"？眼是心的门，在眼的心佛书上叫做眼识；耳是心的门，在耳的心叫做耳识；鼻识，舌识，身识仿此。因为色声香味触，我们认有外物，实在是物在内而不在外，色声香味触是眼识耳识鼻识舌识身识的作用。物即是心。根茎枝叶花果种子之异于你意识中的"一枚木"者，只是多了色声香味触识（即眼识耳识鼻识舌识身识）的作用，"一枚木"则完全是意识作用而已。色声香味触的识同意识都是一种东西，这种东西叫做心。你认根茎枝叶花果种子是外物时，又已离开了色声香味触识的作用而完全是意识作用。故根茎枝叶花果种子亦是心的执著。你能说梦是假的，影响是假的，即是说身外没有这个东西。梦是纯意识作用，影响尚有待于见闻，因为这个东西还有声有色。由此事实,可见只有香味触三事惯习太深,牢不可破,其中以触为尤甚,世闻的东西明明碰在我们的头上落在我们的手中何得而说是假的呢?英国有一位小说家,他的著作都是厌世的彩色,在他一部小说里叙述一人黑夜行路,举头为一树枝所碍,此人叹言道:"甚矣人生在世是一件事实!"此以触觉为有物之明证。汝何不思,影子是假的,则眼见可信为假;回响是假的,则耳闻可信为假;何独于身触而不信为是假的呢?你有时不信眼耳,你说眼耳所见闻的是假的,菩萨则叫你鼻舌身意等等都莫信以为真,故《金刚经》说:"一切有为法,如梦幻泡影,如露亦如电,应作如是观。"又说:"若以色见我,以音声求我,是人行邪道,不得见如来。"

先须破除我见,再须空此法执,这两层执著都是惯习使然。要除这两层执著,最好是执著有心。我说执著有心,犹如你执著有物。心是一个东西。这个东西发生许多作用。你说世间有"我",世间离子有"一枚木",是你的心之作用,便是你的意识作用。你说世间有根茎枝叶花果种子,是你的心之作用,是你的眼耳鼻舌身识同意识一起作用。我说无我,我说世间离子没有"木"这个东西,你可以承认,因为你相信物,相信五官,"我"与"木"这个东西不是五官所能接触的,其为妄想,即是意识作用,自然容易明白。(若就执著有心说,则我见与物执亦可承认,本都是心的作用。)我说无根茎枝叶花果种子,你将瞠目不知所对,从理智上你现在大约可以承认,无如物之惯习太深何!世界本是有的,而你因惯习之故以为有物则有,不知有心亦是有。你看见的花果是你的心,你看见的山河大地是你的心。当你看见一个东西的时候,你的眼中有一个影像,俗谓之瞳人,你能说这个影像是物吗?你能

第四章 向世人说唯心

说物不是这个影像吗？到底物是在内还是在外呢？如说在外，则你眼里的影像是在外吗？在什么之外呢？所以物不如同影像一样说是在内。你这时最好是莫存心用手去摸那个东西，把惯习渐渐离开，自然接近事实。说物在外不如说物在内为合理。何况你看见一个东西听见一个声音并不是有眼睛耳朵就行，还要待眼识作用耳识作用，如你夜晚在睡中时眼耳识不生作用虽有雷声电光而你一无所知。物果非心乎？心能藏物，犹如镜能藏像；心有眼识耳识鼻识舌识身识意识等等，犹如树有根茎枝叶花果等等；根茎枝叶花果各有其作用各有其自体，而又能藏在一颗种子里头，种子又毕竟是种子的自体，能藏不碍所藏。总而言之是心。物不是离心独在，物是与心合而为一，说心就应有物，犹如说镜子就应有像，我们则因惯习之故将物与心隔开以为是外面的东西。须知隔者无非距离而已，天下之物果因距离而非一事乎？一棵树的种子落在地下长成另一棵树，此两棵树非一事乎？在植物学上雌雄异株的树木与其说是两棵树不如说是一棵树。无线电两处机关是一个机关。照相机与所照之人物是一个东西。我们以眼观物必须有适当的距离，迫在眉睫物在前而不见，是距离者乃法则之当然，不可以此有物我之隔也。（菩萨说心与物是一，而身亦是物；俗则以身为我，身外之物为物。）所以物与心是一体，有心无所谓物。汝所谓物者，是汝心的范围而已。能够悟到物是心，心是一个东西，如你说物是一个东西，则你容易信佛，信佛说的是实话。凡人的世界是这个心的执著，成佛是执著心断。心断亦是有，不是断了便成虚空。凡夫心断便是佛心，犹如你平常损人利己的心断便是公心。不是有一个佛心又有一个凡夫心，凡夫心是结缚，结缚是无所谓有的，缚解何所有？有的是佛。凡夫是佛的显现，是佛叫你认识他。认识他便是认识自己,便是大家都是佛。

古今学人因为执著物的原故,虽是唯心的哲学家亦是眼见物说话,他说这个物不是物是心,他忘却他是眼见物。其与唯物的哲学家不同者,唯物的哲学家信任眼睛,唯心的哲学家则不信任眼睛。不信任眼睛他却戴上了眼镜,心的眼镜,因为他是观物说话。如此说物是心,等于说眼见的物是心。这个心在佛书上叫做意识所缘的"法"。(意识所缘叫做法,犹如眼识所缘叫做色,耳识所缘叫做声。)唯心的哲学家之所谓心是意识所缘的法,唯物的哲学家之所谓物亦何曾不是意识所缘的法,两者是答案不同,一答曰心,一答曰物,两者的答案却同是意识答的,两者都是有内心外物之分。我最当提醒者,唯心的哲学家信任意识而不知意识应是一个东西。意识不是一个东西则汝唯心的哲学家之所谓心究是什么呢?唯物的哲学家倒说物是一个东西。唯心而不认心是一个东西,学理的意义全无。必也心是一个东西而说唯心(佛书上叫做唯识),然后善恶问题、死生问题都迎刃而解。因为从此没有死生,没有善恶,都是真理。死生是执著"形"而来的。心则无所谓死生了。汝辈哲学家之所谓时间问题、空间问题都成戏论。这些都是由物的观念来的。至善是有的,诸恶是缚,缚则无所谓有,汝立地成佛。

熊十力先生的《新唯识论》也因为不知心有心这个东西遂而乱添出许多话来说。熊先生仍是眼见物说话。他当然不是以物为物,他说物是大用的显现,然而他看见物了,他看见大用显现的物了。必待物而见大用的显现!熊先生不但误会了佛家唯识的精义,亦且不懂得孔子的中道。孔子不答问死,是不谈这个问题,不是不许有这个问题。孔子又说"敬鬼神"。大哉孔子!若照熊先生的理论，死生鬼神都不许成问题，因为他虽不以物为物，而他的世界观是五官世界了。这个世界观便是唯物，不是中道。我说我们最好是执著有心，犹如执著有物（便是有这个东西的意思），佛家的唯识正是此意。从此是可以超凡入圣的。从此没有话说不清楚的。

第五章　致知在格物

　　上章写完了，在大哥处见其案上有《宋元学案》，乃取伊川学案而阅之。说到书籍上面，我思补述几句。我于二十六年回故乡，觉得自己能信佛便好，无须读书。稍后思读《百论》，因为在北平时读龙树二论，未读提婆《百论》，现在欲看提婆是怎样说话。然而在乡间，在流离转徙的乡间，从何而得这样本不常见的书呢？稍后又悟得种子义，思取佛教有宗书而阅之。这又从何处觅得呢？此时信佛而更思读书，叹息无书可读而已。稍后在一友人处得见县图书馆书目，并悉这些书都保存在山中一个人家里，书目中有《百论》，有《瑜伽论》，有《成唯识论》，于是只有《摄论》思读而无有。我这时的喜悦，不足为外人言。这事令我信佛。我曾写信给友人说，"世间对于任何人都不缺少什么"，也便是耶苏说的只要求便得着。我从图书馆尚取得《华严经》读之，《涅槃经》则无有。此二经在二十六年以前读过，我信佛，信有三世，乃在二十六年秋读《涅槃》"佛法非有如虚空，非无如兔角"而大悟，于是抛开书本而不读，旋即奔回故乡，从此在故乡避难。离北平时将《涅槃经》留给沈启无君，劝其一读，我在图书馆取《华严》，乃思《涅槃》也。孰知今日重读《华严》，乃

第五章 致知在格物

是六经注我我注六经，仿佛这是我最后读的一本书了，我已能一以贯之，可为世人讲佛法矣。故我提起《宋元学案》时，亟述此一段故事，表明这无非是佛为我作善知识。

这一部《宋元学案》也是县图书馆藏的，经大哥借来。我对于伊川甚为尊重，孔子以后，孟子与伊川是两位大贤。我何曾读过伊川的书，何曾研究过他，只是这几年在乡间住着，翻阅四书五经而有所认识。有一部《易经大全》之书，难中在一间破楼上拾起来的，我在这上面读了许多伊川的话，觉得他是真能懂得格物致知的。程朱重格物，阳明重致知，而阳明确是不及程朱的，而世人固不甚懂得格物与致知。程朱不信佛，乃是"惟于理有未穷，故其知有不尽"。我尝自思量，"致知在格物"，这一句话应尽学佛之能事。倒转来说也是的，"物格然后知至"。这是如何一件大事，总思与世人说个清楚也。我取伊川学案而阅之，是对于大贤表示敬意，未必是想从上面得什么道理。孰知他讲格物致知，道人之所不能道，于我又很有启发。他说，"致知在格物，非由外铄我也，我固有之也，因物而迁迷而不悟，则天理灭矣，故圣人欲格之"。那么格物就是要能够没有外物之见。必须能没有外物了，乃是知至。此事怎令人不喜悦，正是孔子所谓有朋自远方来，不问古人今人，中国外国也。所以我常想，要同儒者讲佛是很容易的，只要请他格物，物格然后知至。在另一方面，要同西人讲佛，是很简单的，也只要请他格物，因为致知在格物。总而言之是熊十力先生在他的著作里特别提出来的，《中庸》里面的一句话，"合内外之道"。中国儒者合内外之道，孟子便已明白说了，"万物皆备于我"，只是中国学问是默而识之，不能将世界说得清清楚楚，虽然世界在其语默之中。欧西学问重在明辨，应该将世界说得清清

~ 145 ~

楚楚，却是外物而内心，其结果乃至于俗不可医，因为明辨而妄语也。往下我要说明儒者何以是"惟于理有未穷，故其知有不尽"，以及西方学者外物内心之失。

我先说外物内心之失。严译《天演论》下卷第九篇译者按语述赫胥黎讲特嘉尔之义曰：

世间两物，曰我非我。非我名物，我者此心。心物之接由官觉相，而所觉相是意非物。意物之际，常隔一尘，物因意果，不得迳同。故此一生，纯为意境。特氏此语，既非奇创，亦非艰深，人倘凝思，随在自见。设有圆赤石子一枚于此，持示众人，皆云见其赤色，与其圆形，其质甚坚，其数只一，赤圆坚一合成此物，备具四德不可暂离。假如今云，此四德者，在汝意中，初不关物，众当大怪，以为妄言。虽然，试思此赤色者从何而觉，乃由太阳于最清气名伊脱者照成光浪，速率不同射及石子，余浪皆入，独一浪者不入反射而入眼中，如水晶盂，摄取射浪，导向眼帘，眼帘之中脑络所会，受此激荡，如电报机引达入脑，脑中感变而知赤色。假使于今石子不变，而是诸缘如光浪速率目晶眼帘有一异者，斯人所见不成为赤，将见他色。每有一物当前，一人谓红，一人谓碧，红碧二色不能同时而出一物，以是而知色从觉变，谓属物者无有是处。所谓圆形亦不属物，乃人所见名为如是。何以知之？假使人眼外晶变其珠形而为圆柱，则诸圆物，皆当变形。至于坚脆之差，乃由筋力，假使人身筋力增一百倍，今所谓坚将皆成脆，而此石子无异馒首。可知坚性，亦在所觉。赤圆与坚是三德者皆由我起，所谓一数似当属物，乃细审之则亦由觉。何以言之？是名一者，起于二事，一由目见，一由触知，见触会同，定其为一。今手石子努力作对眼观之，则在触为一，在见成二。又以常法观之，而将中指交于食指，置石交指之间，则又在见为独，在触成双。今若以官接物，见触同重前后互殊，孰为当信？可知此名一者，纯意所为，于物无与。即至物质，能隔阂者，久推属物，非凭人意，然隔阂之知亦由见触，既由见触亦本人心。由是总之则石子本体必不可知，吾所知者不逾意识断断然矣。惟意可知，故惟意非幻。此特嘉尔积意成我之说所由生也。非不知必有外因始生内果，然因同果否必不可知，所见之物即与本物相似可也，抑因果互异，犹鼓声之与击鼓人亦无不可。是以人之知识止于意验相符，如是所为已足生事，更鹜鹜高远，真无当也。

我每逢读了这些话，总是叹息，要在言语道断之后才能说话，说话才于人有益，否则开口便错，过而不自知也。他们根本的原因就是我所说的执著，执著外面有一个东西。无论这个东西为方为圆，为红为碧，为坚为脆，总而言之是"物"，而这个物不是方便是圆，不是红便是碧，不是坚便是脆，决不是方圆红碧坚脆以外的东西，所以他们不信世间有一个东西叫做"鬼"，说鬼神是迷信，那么这个物他们明明的肯定了，为什么说"必不可知"呢？而他们说"必不可知"，所知者"是意非物"，那么这个意是什么东西呢？这个意总不应该说是官能。为什么丢了所知的东西而不说呢？这个意总不应该以眼见，不应该由触知，因为以眼见由触知便是物。他们口中说意，而心里不知道意应是一个东西，徒曰"世间两物，曰我非我，非我名物，我者此心"。换一句话便是，一个在内，一个在外；我在内，物在外。岂知在外的是汝的心，而汝说是物，犹如逐影像是物——影像果有此物么？在内的是汝的物，而汝说是心，因为汝认心犹如认影像——影像果无此物么？汝的物理学不能研究此物的法则么？汝不知心应是一个东西，犹如影像是一个东西，牠有物有则。物不可执著，犹如影像不可执著，执著牠牠没有，是妄想。那么什么叫做内外呢？合内外便是心了。不应曰"是意非物"，因为曰非物正是执著物，犹如我们看见鹿曰非马，非马正是汝从厩里可以牵得出一匹马来也。从执著的心说出来的话是无有不错的，原故便是心中执著有一个东西，而这个东西没有这个东西，即是你从理智上否认牠，而"无明"已经承认牠了。犹如你在路上遇见一个陌生人，你说你不认得他，然而你已认有这个人了。赫胥黎将"物质"之隔阂都泯除了，"既由见触亦本人心"，是其理智不错，接着又说"石子本体必不可知"，虽不可知，然而牠不是坚的便是脆的，这块石头要粉碎了才没有！到得粉碎了，汝便说是"虚空"。汝的虚空观念仍是物，是此物现在无有也。汝看见一块石头是汝的感识（色声香味触识叫做感识）同意识一起作用，即是汝心的作用；汝说物，说虚空，是汝的意识单独作用，亦是汝心的作用。故说"惟意非幻"，我在这里是许可的，但要知道意是一个东西。这个东西不是官能，官能正是汝所执著的物之类也。从此便有许多大问题在。世间的死生问题，都是执著"形"来的，执著形便是执著物，有形曰生，形灭曰死。而汝不知道有心，不知道心有心这个东西。如果知道心有心这个东西，则人死了，即是形没有了，应问心这个东西呢？人生，形有了，也应问心这个东西呢？这个东西何所来何所去呢？说来说去正是形的事，不应用来说心，心应无所谓来去，因为牠不

第五章 致知在格物

是形呀,牠没有来去的工具呀,你们叫做手足呀——此不近于世俗所谓"神"的观念吗?那么神的观念不很合论理吗?独汝科学家哲学家开口便错。汝应执著有心,犹如执著有物,然后可以说因果法则,然后才是致知在格物,然后宗教才合论理,合乎论理才是事实。说到事实,是无有不合论理的。

欲辨石子的赤圆坚一,"此四德者,在汝意中,初不关物",特嘉尔,赫胥黎,无论是谁,西方学者都不足以语此。因为他们是"无明"说话,便是执著。我最要告诉他们的,是他们不守平日说物理的规矩。说物理要有是事说是事,不能随便作假设,假设乃是根据事实,好比大气压力是事实,以地面水银柱高七六厘的压力为一气压,则高山上空气稀薄,水银柱应下降,于是拿到高山上去水银柱果然下降。此是科学家的规矩,假设正是事实。今说"假使人眼外晶变其珠形而为圆柱,则诸圆物皆当变形",此真是妄语,这样说话谈什么学问,所以我说他们俗不可医,西方学者应惭愧无地矣。印度菩萨告诉他们曰,眼实不能见圆,眼乃能见色。你且拿一圆物去叫襁褓中的小孩子看,你说,"有眼可看者便看。"然而这个小孩子不能看见圆,犹如不识字的人见墨痕而不认得字。"在见为独,在触成双",你何能见"独"呢?又何以叫做"双"呢?你且叫襁褓中的小孩子去见,叫他去触,因为他有见有触。至于说明赤色之故,则是物理学,止于意验相符,可谓能守范围,在人生经验上有其事实,然而这些事实正是法则,并不是执著有物。执著有物便不是法则了。汝愈知法则,愈见真实,愈见幻空,因为幻空才是真实,大家都不能逃此法则。否则真实是幻矣,如汝说鬼怪是幻。汝以为科学发达才见真实,其实在未有科学以前,固丝毫无损于知道真实,因为知道真实是幻,即是说真实是法则。第一义在于明觉,汝本明觉说话,决不说眼见赤色,要说眼能见色。说赤色者,是别于非赤色,是汝的意识。说一说圆说坚都是汝的意识。(汝曰"纯意所为,于物无与",本应不错,不过汝的"物"字,是叠床架屋,实无此一物。)电影无异于幻灯,电影不是动的,虽然我们看见牠动,可见俗谓见动,眼实不能见动。然而我们平常说水流,说我们看见水流!水之流果异于影之动乎?那么眼见的界说应是什么呢?故应说眼能见色。

"每有一物当前,一人谓红,一人谓碧,红碧二色不能同时而出一物,以是而知色从觉变,谓属物者无有是处。"这是没有界说而说的乱话。此所谓觉,我且下一个界说,是眼识同随着眼识而起的意识;红或碧是境;另外再加上眼睛即感官。在这里,一人谓红,其识与感官与境三事俱有,成见之法则;一人谓碧,其识与感官与境三事俱有,亦成见之法则,无所谓"同时而出一物",本来无此一物也。根据化学的实验,酸性物将蓝色石蕊质变成红,碱性物将红色石蕊质变成蓝,此时觉不变,感官不变,变在境——不是变在物。所以我们应该说三样东西,即识与感官与境。感官与境在佛书上叫做色法,即俗所谓物;识是心法。物不应如汝执著的那个物,而心则应执著为一个东西。执著有物时,已是心的现象,不过成这个心的现象要有物之实,即是境,虚空之中你不能看见一个东西。此物之实不同彼物之实,所以我们看见红或看见蓝,我们不能以耳见以眼听,世界有色世界也有声音,不是乱的。色法有色法之实,心法又有心法之实,俗说五官不能并用,其实是五识各有其实。又如瘩㾕之心(你能说瘩㾕时没有心吗?心停了或断了吗?)不能作见闻之事。菩萨说种种因果决定差别无杂乱性,故世界不一。因为是因果法则,故世界不异。不一不异故实，实即有也，有即幻也，幻者没有汝所执著的那个物也，说到物时正是心也。识是了别境的，境非外在的东西也。境是心，犹如一幅彩画是心的事不是颜料的事。若汝所执著的物，不是幻的意义，是怪的意义，因为没有决定性，牠可以是一，牠可以是异，世界将不成其为世界矣，科学家可以随便作假设矣。

"非不知必有外因，始生内果"，欧西学者说因果，无论如何说不出因果的道理来（本非事实，何能有道理？），假设有内而无外呢？假设有外而不为因呢？则内果何从而生？我这样假设是可以的，因为曰内曰外本无决定性，我们可以内有眼而外不见物，犹如有镜子而终年不生影像。像本不是镜内之果，物亦本不为镜外之因，外物与此一面镜子是不相干的。按汝之意，耳是内声是外，必有外因始生内果，则色因生见果，因必有果故，而吾人见不必以眼。声因生听果，因必有果故，而吾人听不必以耳。见必以眼，听必以耳，是眼耳自有因果，非内外为因果。"合内外之道也，故时措之宜也"，中国人的默识较西方明辨切近事实多矣。提婆语人曰，"汝谓乳中有酪酥等，童女已妊诸子，食中已有粪"。世人闻此言，岂能忍受，人何以荒谬至此？不知学者因果之说正是"食中已有粪"。何以故？汝说食为因粪为果故。犹如说形为因影为果。不知食是食粪是粪，非因果也。若因果则食中已有粪。

西方学问的价值在科学，科学如能守科学的范围，即是"人之知识止于意验相符"，则不至于妄语。不过这是不可能的，严格的说起来，"人之知识"正是业，业如何而知止呢？于是中国的学问尚矣。中国的学问"在止于至善"。然而惟孔子是真能"默而识之"，是真能"知之为知之，不知为不知"，于是惟孔子真是知止矣。孔子以下，大体不差，独不能如孔子之默耳。孔子之默，乃见孔子之知。孔子曰："未知生，焉知死？""未能事人，焉能事鬼？"又曰："敬鬼神而远之。"我们不能说孔子知道死生鬼神，那样说便是不知道孔子，因为孔子本是不知为不知，但孔子知有鬼神，知有死，知有生。知有鬼神生死，便是唯心。唯心而不知有鬼神生死，那便是西方的唯心哲学，便是熊十力先生的谈"用"，便是五官世界观，便是唯物，因为未能将物"格"之。中国儒者如程朱是知有鬼神生死的，因为他们是能格物的。知有鬼神生死，为什么辟佛呢？佛所说的不过是范围大些，而且说其因果法则罢了。故我尝说，程朱之辟佛，正见其格物之未能究竟。在《论语》季路问鬼神章，朱注引程子言曰，"昼夜者死生之道也，知生之道则知死之道，尽事人之道则尽事鬼之道，死生人鬼一而二二而一者也"。子不语怪力乱神章朱注曰，"怪异勇力悖乱之事，非理之正，固圣人所不语，鬼神造化之迹，虽非不正，然非穷理之至有未易明者，故亦不轻以语人也"。程朱这些话，都见其格物的心得，其态度是"知"，不是孔子的"不知"。因为是知，我们乃见其知有未尽。于是我一言以尽之曰，儒者未能唯心而唯理。其未能唯心之故，是格物未能究竟。佛则是唯心，即唯识。儒者从孟子便曰求放心，"人有鸡犬放则知求之，有放心而不知求！"是明明指出心来了，心是一个实实在在的东西了，为什么说儒者未能唯心呢？是的，儒者所求的放心是理义之心，儒者的价值便在指明这个心，这个心要留到后说。

首先要将境与心对说的心说清楚，即是将境即是心的心说清楚。儒者能合内外之道，他不是从唯心来的，他简直是丢开见闻心识而不理会，他是直接承认天理。天理不是与见闻心识对待的，本来可以直接承认。见闻心识是因果法则，无事于见闻心识，故

第五章　致知在格物

不能认识因果法则。孔子则以"天命"一词包括一切。朱子注天命曰，"天命即天道之流行而赋于物者，乃事物所以当然之故也"。《中庸》注有云，"天下之物皆实理之所为"。这些话都切切实实，直截了当，令我赞叹不已。其所谓实理，不是指理智说，是指天理。儒者固无事于理智，理智者因果法则也。无事于理智，其实应曰"不知"，故孔子曰不知。大哉孔子！程朱则曰一理万殊，不有因果法则，何以万殊？换一句话说，何以有世界？我们凡夫都是耳目见闻，孔子虽欲无言，人情诚不免天问。嗟呼，谁知理智，必也理智才是万殊，必也理智才是一理。予欲向重理智之西方学者说明原故矣，由理智自然说得唯心，于是世界不只是五官世界，固无所谓内外也。曰合内外，终有物之见也，如鱼不外水而饮水。《孟子》形色天性章朱注引杨氏之言曰，"天生烝民，有物有则，物者形色也，……"是儒者无意间露出来的话，注定了物是形色。以形色为物，故儒者未能唯心。死生大事都要从唯心说得清楚。儒曰死生一理，其实死生是一物，即是心。生是因果法则，死亦是的。芸芸众类为万殊，死亦万殊，世界是轮回。到这时儒者自然能将伦理范围扩大，愿度众生，闻佛之言说真是一则以喜一则以惧。故儒者之辟佛乃其知有不尽耳。

第六章　说理智

现在我且谈理智。

我前说合乎论理才是事实，又说事实是无有不合论理的，欲表明这个意思，莫如举数学为例，我平常喜欢同中学生谈几何，几何所说的不是一个实物，牠只是论理，即是完全是理智的表现，然而几何的定理都是事实。当我们开始学牠的时候，牠告诉我们以点、线、面，我们觉得可以承认，另外牠告诉我们公理公法，我们都觉得可以承认，这个承认便是理智的作用，凡具有理智者是无有不承认的。理智并不是一件难事，乃是简单，智愚共有的。我们之有理智，正如我们之有世界。由简单而演进到复杂，其实还是简单，因为还是理智。在我们承认简单的点线面公理公法的时候，我们不晓得会发生许许多多复杂的定理，然而许许多多复杂的定理从点线面公理公法便已决定。从简单到复杂是不相冲突的，其不相冲突，并不是因为理智在那里安排布置，理智只是简单不晓得安排布置。例如起初我们在直线形里头知道三角形三内角之和等于二直角，后来学圆，画一个三角形的外接圆，由圆心角与圆周角的关系也是三角形三内角之和等于二直角。始终只是理智，理智不包含事实而符合事实。事实并不是有许许多多，事

第六章　说理智

实只是事实，由你去表现牠。事实怎么会冲突呢？冲突还能成为事实吗？事实不会冲突，正如理智不会冲突。世界是有的，所以事实是有的，我们有言语，我们有论理，无非是事实的表现，事实岂有不合乎论理者哉？合乎论理又岂有不合乎事实者哉？而世间论理之合乎事实者，大约只有不含事实之数学，因其不含事实，故能表现理智。

从上面一段话，我的意思明明是说，世间的论理包含世间的事实，根本上不是理智作用，故世间的论理不合乎事实。世间的事实是妄想。

论理有两个乎？曰否，论理没有两个，正如文法没有两个。我们说"我看见牛角"，这句话是合乎文法的；说"我看见兔角"，亦合文法。然而前一句话我们那样说，后句我们则不说，因为不合事实。我们可以这样判断，"人皆有死，汝是人，汝亦有死"。这是合乎论理的。我们也可以这样判断，"动物皆是伏地而行，人是动物进化来的，故人最初亦是伏地而行"。这也是合乎论理的，一般人便这样说，这样相信。须知这个判断不合事实。我们换一个说法，伏地而行便是不能"仰天而视"，人是能仰天而视的，所以他是人类，不是动物。这话不能表现着事实吗？若大家首先相信"人是动物进化来的"这一个前提，则这个前提里面已包含着事实，固无须乎判断。故世间的论理根本上失却了论理的意义，论理者乃无所容心于其间，其性质如虚空，牠只有容纳，无有违碍，故能表现事实。有论理之故，便是有事实之故。其事简单，即是理智作用，人人可以承认的。到了你拉着牠替你说话时，是你自己相信的事情要人相信，是妄想，非事实也。你要牠替你说话，你只认识牠的躯壳，你不认识牠的道德，这时的理智便是世人的理智。牠的道德是容纳，若有违碍，是你自己违碍。这样说来，说论理有两个也可以的，一个论理是论理的精神，一个是论理的形式，世间的论理便是论理的形式。

我还是借文法的事情来说明这个意思。在一本初中教科书名叫《文化英文读本》上面有一个练习，系汉译英，汉文是这样一句，"一个人看见一只鸟登在树上"，学生翻了英文给我看，几个名词前面都加了无定指件字，因为中文原句是"一个人"，"一只鸟"，都照样翻了；"登在树上"原句虽没有写着"一棵"字样，他们以为照英文规矩名词前面要加指件字，所以他们的译文也是在"一棵树"上了。我看了这句英文，殊觉可笑，虽然这句英文没有文法的错误。我问学生道："一个人看见一只鸟登在一棵树上"表现的是什么事实呢？换一句话，这句话告诉你一个什么意思呢？你必瞠目不知所对，因为这句话本没有意义，本没有表现着事实，徒有文法的形式而已。如果你写一个故事，说"昔时一人看见一鸟登在一棵树上，思援弓缴而射之"，那么"一个人看见一只鸟登在一棵树上"才有意义。编英文读本的人，只记着文法的规则，不考虑到意义，结果乃不知所云。因此我告诉学生，文法的精神是表现事实，如果只懂得文法的规则，不懂得事实，徒有文法的形式而已。论理亦然，"凡甲是丙，今乙是甲，故乙是丙"，此固为形式，即使把甲乙丙三个代字嵌了名词进去，把世间的日月星辰动植物都号召进去，亦不能断其不徒为形式。有人向你这样论断，"凡神仙不死，吕洞宾是神仙，故吕洞宾没有死"，你理会这个论断吗？你一定说这个人不懂得论理，徒有论理的形式。因为这里包含了你所不相信的事实，"凡神仙不死""吕洞宾是神仙"。

我于提婆《百论》而认识论理的精神。提婆叹惜世间学人不

第六章　说理智

懂得事实,叹惜学人的事实都不合事实,虽然学人以语言文字表现其事实,求合乎文法,求合乎论理。提婆语之曰,"头足分等和合现是身,汝言非身,离是已别有有分为身。复次,轮轴等和合现为车,汝言离是已别有车。"这就是说离开众树还有一个树林,离开眼睛离开耳朵等还有一个你所爱惜的身子。世间到处是这样的言语,到处是这样的感情,因此到处是这样的事实。如我前所说,达尔文物竞天择的学说是根据这样的事实推断出来的,因为他离开种子别有植物,正如离开麻别有绳子。其他如说人的手是从兽的前腿变来的,换一句话说由动物进化为人,都是离"分"别有"有分",于是分身一变。所以天下的动物都应是孙悟空的分身变化,比说同出一源,这个是那个的种属要圆满得多。这里还有什么因果法则呢?这便叫做怪异。照学者们的事实实应如此怪矣,然而学者们的说话都合乎论理。这个论理是论理的形式,其所表现者不是事实,而是佛书上叫做"相,名,妄想"。车是相是名是妄想,身是相是名是妄想,推而至于动物是相是名是妄想,人是相是名是妄想,无须乎要等到说人是动物进化来的乃是妄想。学者们每每说老百姓的话是迷信是妄想,因为老百姓的话不能合乎论理,不求证于事实。岂知不能"无相"便不合乎论理,不能"无相"又何须求证于事实?何以故?已别有车故。既已有车,何须乎要事实去证明牠?又何须乎要论理去说明牠?如说有怪便有怪,只要你相信,无须说明。老百姓与学者不同之点,确乎在于一则求证事实求合论理,一则只是相信。而学者不知事实是"无相","无相"乃合乎论理,论理正所以表现"无相"之事实,否则汝所谓事实仍是汝相信牠是事实,汝徒有论理的躯壳耳。事实是"无相",故事实非汝所执著的车子;事实是实有,故事实有论理的表现。人人有论理，正如人人有言语，菩萨的言语菩萨的论理与世人同，不过世人说话是要人相信，菩萨说话是说世人的话说错了，即是世人的事实不是事实。菩萨固不另外拿事实来要人相信。菩萨的话只是合乎论理，合乎论理故是事实。世人有论理，是世人能信菩萨的话；世人执著名相，是世人不懂得论理的精神。菩萨乃以汝之论理破汝名相，即是破汝事实，因为世间事实是名相，非事实。我们于此乃认识论理的精神。

我前引提婆乳中有酪酥食中已有粪的话指世人不知因果，也就是不知"无相"。世间有乳酪酥之事实，但没有汝执著的乳酪酥之物，犹之乎流水中没有一个静影，然而没有静影并不是没有事实，事实是无相。我重复的说，论理所以表现此"无相"之事实也。换一句话便是凡事都要于理说得通。在汝几何学上讲的，世间没有这个实物，而在理智上是一个事实。汝之理智与菩萨是一般的，菩萨之言说，正是诉之于汝之理智。汝惟陷于名相之中，故汝之理智乃不足以认识真理即事实。岂惟不认识真理，反而障蔽真理，菩萨说汝乐着戏论。汝一旦觉悟了，便知道事实是无相，然而事实是有，是论理。这时汝之理智固不增不减，便是虚空，无障碍故；便是世界，实有故。

最后我引提婆破灯喻的话作本章的结束。世人说灯能照暗，提婆说灯本无暗，照什么？试思之，灯下哪里有暗，犹如日光下哪里有黑夜？然而世人都相信灯能照暗的事实，正是执著名相之故，一方面执著一个暗，一方面执著一个明，于是名相与名相加起来，曰灯能照暗，实在是明无暗，何谓照？所谓"本来无一物"也。《华严经》则曰："譬如清净日，不与昏夜俱，而说日夜相，诸佛亦如是。"

第七章　破生的观念

　　世界是有不是"生"。世间生的观念不合乎事实，故亦于理说不通。而世人相信不疑，以为睁眼看见事实。
　　我前就"木生子"的话已指明其不合理，即不合事实。"木"非能生，"子"非所生，离开子没有木，"木"是妄想，因而木生子是妄想。这话是多么明白呢？道理是多么简单呢？吾不知世人因我的话而有所觉悟否？世间尽说母生子，犹如木生子。菩萨说母实不生子，子先有从母出。子从母出，犹如芽从土出。世人对于这个话则决不肯信，因为世人不懂得"有"字，以为有形则是有，故生而后有也，故世界是生也。总而言之，照世人的意思是物生物。母生子，母是一物，子是一物，由甲物生出乙物来，同时有甲又有乙，世间母子并有，不是颠扑不破的事实吗？须知，汝在未听我的说话以前，亦正以为一棵树生出果实来同时有甲又有乙，有一棵树，又有一棵树上落下来的果实！我告诉你离开果实，离开花叶，离开植物的各样器官一棵树不可得，所以汝心目中的"一棵树"不成立。汝心目中的"母"亦然，菩萨说离血分等母不可得，照汝之意亦应是血生子，非母生子也。故说物生物，由甲物生出乙物来，同时有甲又有乙，正是一般的"我所"之心，即执著。我曾同一友人谈植物是种子续生，非甲植物生乙植物，友破我的话举种柳插枝为例，他说从一棵树上折下一根枝条来，这根枝条又长成一棵新的树，这棵新的树非原树所生吗？不是同时有甲又有乙吗？我说离开枝条树不可得，你以为这根枝条是那棵树的枝条，岂知"那棵树的枝条"是妄念的根本。

再说，物生物的观念堕无穷过，堕不定过。此二问题是理智上必有之问，不能以不可知了之，以为此事应该是存而不论。世间没有不可知的事实，理智又岂是"不可知"。怎么说无穷过呢？汝说物生物，由甲物生出乙物来，则甲物又是怎么来的呢？追问下去，能非戏谈。所以乡下人说笑话，便有鸡蛋是怎么来的？鸡生的。鸡是怎么来的？蛋孵的。还是先有蛋还是先有鸡呢？于是一哄而散，说了一个大笑话。物生物，甲物生乙物，便要问甲物是怎么来的。虽有言说而等于一句白话。是无穷过。怎么堕不定过呢？甲物生乙物，然而，就世间的观念，从甲物不能决定有乙物。龙树说，泥水和合而生瓶，但从泥与水不能决定有瓶生。即是说泥水与瓶没有关系。天下可以有泥水，而天下可以没有瓶，怎么说泥水生瓶呢？就我们所学的化学为例，氢气氧气化合而生水，但从氢气氧气不能决定有水生。我们看见世上有氢气氧气，我们看见世上有水，如是而已，怎么叫做"生"呢？生者必有因果的关系，如种必生芽。所以照世人的"生"，世界便不成世界，因为不定。世界是生而后有（须知这句话是多么不通！既肯定世界，则世界已有，生何用），而生不定，是世人之生根本上是一个偶然，还谈什么道理。你再同他谈，他说你同他谈玄。于是他说他重事实，不讲理论。他不知道事实是无有不合乎理论的，理论是无有不简单的，无所谓玄。他之所谓事实是妄想。《易·系辞》曰，"易简而

第七章 破生的观念

天下之理得矣",诚哉是言,无如世人不思何。孟子曰,"思则得之,不思则不得也"。又曰,"物交物,则引之而已矣"。世人是逐于外物,遂而不思。世界是有,固无所谓生,生者有之法则耳,非生而后有也。一棵树的道理就是一个世界的道理,一棵树上讲得通的一个世界也讲得通。一棵树是有,而这个有不是另外有一个有名叫种子生出来的。种子就是树,种生芽是有之法则。说到这里我附说一事,世界是有,故"无始",我们不能说种子为始,而以树终之。总之是无始,本来是无始。《俱舍论》曰,"故知有轮,旋环无始。若执有始,始应无因"。那么有因故无始。所以佛书上无始一词,乃是智者无不知的说话,非如俗情不知道起头的时候故说无始也。俗情以为凡事有始,凡物有始,都是从生的妄念来的。熊十力先生在其著作里释无始为泰初,未免不识佛义,由自己的意思加解释。

下面我更本着菩萨的两番说话指出"生"是戏论。

《百论》破外云,"汝若有生,为瓶初瓶时有耶?为泥团后非瓶时有耶?若瓶初瓶时有瓶生者是事不然。何以故?瓶已有故。是初中后共相因待,若无中后则无初,若有瓶初必有中后,是故瓶已先有生复何用?若泥团后非瓶时瓶生者是亦不然。何以故?未有故。若瓶无初中后是则无瓶,若无瓶云何有瓶生?"这里且不谈因果,就说生的话,要问是什么时候生出来的。这个东西已有,不能说生,因为已经有了。这个东西未有不能说生,因为本没有这个东西,怎么说这个东西生呢?不同你现在手下没有钱,有人向你索欠,你说明天有钱。而同你问鸡是什么时候生的,鸡未生你不能指着蛋说鸡生,犹如没有主词根本不能成立一句话;鸡已生你不能指着这个鸡说鸡生,因为牠已生。我再说明白些,一个婴孩已有了，不能说儿生。婴孩未有，又何能说儿生？只有两个场合，有与未有，那么怎么能成生呢？世人还是大惑不解，他说是慢慢地生出来的，由一枚鸡蛋慢慢地孵出鸡来。他不思索初中后共相因待的话。《百论》外曰，"初中后次第生故无咎。泥团次第生瓶底腹咽口等，初中后次第生，非泥团次有成瓶，是故非泥团时有瓶生，亦非瓶时有瓶生，亦非无瓶生。"这正代表了一般人的意见。初中后非次第生，次第生者，有初而无中，由初生中，有中而无后，由中生后，换一句话便是，初不知中，中不知后。如儿在母胎初时不知为男不知为女。而实不然，若初便已有中后，如说鸡蛋快要孵成鸡了，始有鸡之形而鸡已全，而非他物，所以有鸡之始必不有牛之后，有雌之始必不有雄之后。若次第生，则初为鸡，中后何以不为别的怪物呢？故说一个东西是慢慢地生出来的，则中间应不晓得叫做什么东西，于理不合。只有有与未有，有则不须生，未有云何生？而世间说生，不是有而说生，便是未有说生。前者如说一个婴孩生了，后者如说氢气氧气生水。

又《百论》外曰，"应有生，因坏故。若果不生因不应坏，今见瓶因坏故应有生。"这就是说，甲为因乙为果，有乙之果生，故甲之因失。如有瓶果，斯失泥因。若无瓶果生，则泥因不失。这也正是一般的意见。甲物生出乙物来，甲物虽没有了，而有乙物以代之矣。内破之曰，"因坏故生亦灭。若果生者，是果为因坏时有耶？为坏后有耶？若因坏时有者，与坏不异故生亦灭。若坏后有者，因已坏故无因，无因故果不应生。"以乙代甲，甲非坏而何？甲坏何以能生乙？如此裁判，毫无疑义。何以有此不合理的案件呢？是世人生的观念也。我提醒科学家一件事，一般的意思是因坏而生果，提婆的意思汝因无所谓坏，汝果无所谓生，我于

第七章　破生的观念

此诚不能不赞叹夫合理者必合事实！试就我们所学的化学说，氢氧化合而生水，而水仍是氢氧，可以分解还原，何曾是因坏故应有生乎？故世界是无生，而是有。

第八章　种子义

《新唯识论》批评空宗有宗讲因缘的话，见得熊先生于佛教无心得，熊先生依然是中国智者，异乎印度菩萨与欧西学者的求真，故不能面对真实，也就是不懂得佛教的空宗与有宗。熊先生说，空宗谈因缘，尚无后来有宗所谓种子义，但从宽泛的说法，一切事物都是依众缘而起的，都不是独立的实在的东西；有宗则将因缘义改造，以种子为因缘，于是铸成大错，陷于臆想妄构，未可与空宗并论。我于此不能不想到孟子说的"君子深造之以道，欲其自得之也，自得之则居之安，居之安则资之深，资之深则取之左右逢其源"。熊先生是能自得者，然而他曾经从师学佛，学唯识，关于唯识的话熊先生都是学来的，与熊先生自己无关。熊先生由唯识一变而反唯识，因为正对之是得其糟粕，所以反对之仍是糟粕，反不如我这不学的人懂得他的精神。我读书向来没有从书上学得什么，我读书乃所谓"就有道而正焉"。当我自己悟得种子义的时候，我欢喜赞叹，于是我由空宗而懂得有宗，由有宗而更懂得空宗矣。且让我将我不学人对于此事的经过略述之。

熊先生最初在北京大学讲唯识，屡劝我学佛，其时我则攻西洋文学，能在莎士比亚、斯万提司的创造里发现我自己，自以为不

第八章　种子义

可一世，学什么佛呢？稍后熊先生毁其《唯识讲义》稿，欲撰《新唯识》，我观他的神情终日若有所思，一日同游北海，问之曰："为什么反唯识呢？他的错处在哪里呢？"熊先生曰："他讲什么种子。"当下我听得了"种子"这个名词，毫无意见，因为同他完全是一个陌生的，又无心思去理会他，有什么意见呢？我向熊先生发问，本是随口问出了一句话。民国十九年以后，我能读佛书，龙树《中论》于此时读之，较《智度论》读之为先，读《智度论》时则已读《涅槃经》，已真能信有佛矣。读《中论》最不能忘的是其泥中无瓶的话，觉得世间因果之说很无道理，说因就应有果，何世间的因与果没有必然性呢？那么因果二字只是普通的关系二字，便是熊先生所谓宽泛的说法。《中论》的许多言语，其余的话我懂得他说得圆，有时也能打动我的心，而最不能忘令我深思的是破因果。世间"生"的观念于此已发生动摇，不过尚隐而未发。二十六年读《涅槃》而信有佛，信有三世，是"生"之说已完全动摇矣，然而无暇去考虑，只是信佛，信有三世。以后且不读书。在故乡避难时，习于农事，每年见农人播种，见农人收获，即是说见植物的下种发芽开花结实，周而复始，一日在田间而悟得种子义，大喜，思有以说明"生"矣，即是种子续生。种必有芽，非如泥不有瓶也。这时我乃忆起熊先生曾经说过种子，他反对种子，那么唯识乃说种子乎？种子究应如何说法乎？我思读有宗的书。我以前只喜龙树，有宗菩萨的书未尝寓目也。我固已知熊先生一定是错了，因为我在许多经验之后，知道古圣贤的话都没有错的，"新"则每每是错。觅得《瑜伽师地论》读，同时读提婆《百论》，空宗有宗乃双管齐下，乃一以贯之。我读书合于陶渊明好读书不求甚解，我敢来讲阿赖耶识，只读了一部《瑜伽论》之后,而《瑜伽论》又未曾细读。《成唯识论》虽也取在案前,只供翻阅,并不怎样借助于他。因为我确实已懂得阿赖耶识了,天下道理本来是自己的,是简单的,百姓日用而不知,知之又有什么难呢?我固知道熊先生不懂得阿赖耶识,中国大贤如程朱陆王都不懂得阿赖耶识(只有伊川是最能及之),因为求真习惯不同,而我不能不讲阿赖耶识矣,我想请大家共信真理,殊途同归。此事真是一件大事。等我的《阿赖耶识论》写完,我倒想不远千里到那里去从师学佛。

还是回到空宗有宗说因果。空宗菩萨之为空宗菩萨在其说因果,有宗菩萨之为有宗菩萨亦在其说因果。在论两说以前,我不妨引伊川学案里面的两则话,于这两则话证明我一向认伊川是能格物的没有认错,于这两则话,有宗的因缘之说应该容易为中国儒者接受矣。伊川曰:"冲漠无朕,万象森然已具,未应不是先,已应不是后,如百尺之木,自根本自枝叶皆是一贯,不可道上面一段是无形无兆,却待人旋安排引出来,教入涂辙。既是涂辙,只是一个涂辙。"又曰:"有一物而可以相离者,如形无影不害其成形,水无波不害其为水。有两物而必相须者,如心无目则不能视,目无心则不能见。"伊川的意思等于说,形与影不能为因果,水与波不能为因果,因为有形可以无影,止水不必生波,若因果则两不应相离。其根本枝叶之喻则是说,植物的根茎枝叶花果是一贯的,应不分先后,由根本必有枝叶。那么这两则话确能见到因果的意义不是普通所谓关系的意义了,很令我欢喜。有宗说因缘,要"亲办自果",亲办自果者,不如形之于影,水之于波,此中因果不定,要如植物的种子,有种子之因即已决定有其果。这个意思是最要紧的,我由空宗因果不定的启示,到"亲办自果"而圆满,往下的话不过左右逢源耳。

《成唯识论》说种子义有六种，其中两种是我想提出的，即其第二义"果俱有"，与其第六义"引自果"。果俱有者，不是就种子的狭义说，是就种子的广义说。种子的狭义，如植物以一颗种子为因，要到后来开花结果了，果中藏着种子，于是前以种子为因，后以种子为果。种子的广义，如植物是随时为种随时为果，在我们栽植的时候，有分根，有插枝，则根与枝都是种，即根与枝都决定有其必生之果。如是根可以谓之果，因为由种子来的；根亦可谓之种子，根亦能生故。枝可以谓之果，由种子来的；枝亦可谓之种子，枝亦能生故。这样叫做果俱有，"依生现果立种子名，不依引生自类名种，故但应说与果俱有。"

《瑜伽论》云："种子云何？非析诸行别有实物名为种子，亦非余处。然即诸行如是种性，如是等生，如是安布，名为种子，亦名为果。当知此中果与种子不相杂乱。何以故？若望过去诸行即此名果，若望未来诸行即此名种子。如是若时望彼名为种子，非于尔时即名为果。若时望彼名果，非于尔时即名种子。是故当知种子与果不相杂乱。譬如谷麦等物，所有芽茎叶等种子，于彼物中磨捣分析，求异种子，了不可得，亦非余处。然诸大种如是种性，如是等生，如是安布，即谷麦等物能为彼缘，令彼得生，说名种子。"这段话很有趣，"谷麦等物，所有芽茎叶等种子，于彼物中磨捣分析，求异种子，了不可得，亦非余处"，是种子非如俗人认为是一棵植物的种子，而是"芽茎叶等种子"了。植物学家拿一颗种子简直可以分析得出来，一颗种子并不是囫囵吞枣，他里面是有芽茎叶等种子，另外还同婴孩要吃乳一样自己带了养料。这样便联到"引自果"义。

《成唯识论》释引自果云："谓于别别色心等果，各自引生，方成种子。此遮外道执唯一因生一切果，或遮余部执色心等互为因缘。"植物的芽茎叶都是芽茎叶种子长出来的，不是一个性质的种子长出各样东西如芽与茎与叶来，也不是由一枚叫做种子的东西而芽而茎而叶互为因缘生长出来。芽要芽种，茎要茎种，叶要叶种，自种生自果，不是一般种生诸多果。用我们现在的新名词是"分工合作"，可将"果俱有"与"引自果"两条包括起来。有都是同时有，而又互相引生，并不是如提婆所说"从谷子芽等相续故不断，谷子等因坏故不常"。因无所谓坏。这里或者是我一得之愚贡献给菩萨。这是说笑话，我只注重"亲办自果"四个字，其余的话都是枝叶。然而说这一番枝叶话我却有一个大原故，便是事实是论理。我在上章之末证明非因坏而有生的话，举氢氧化合生水而水仍是氢氧可以分解还原为例，现在就种子义说，因果同时，植物不是种灭芽生而是种芽俱有。因坏而果生，于理不合。若合乎理，必合乎事实。植物种子里面有植物的芽茎叶，正如水里面仍是氢氧。菩萨的论理要宗、因、喻三项，这个"喻"甚属重要，因为论理是要说明事实，事实因性质不同，范围所限，有时不能举证，必可得喻。我今说种子义，以植物种子为喻，自知深合菩萨意，而熊十力先生在其著作里说菩萨不该拿世俗稻麦上的事情应用到玄学上来，殊非格物君子之言。《华严经》曰："令一切世人得无生心，不坏因缘。"又曰："了诸法空，悉无自性，超出诸相，入无相际，而亦不违种生芽法。"

无生无相，是空宗菩萨教给我的。因缘即种生芽法，应是我自己悟得而有宗菩萨为我作证的。那么空宗确是教了我一个空字，有宗确是教了我一个有字。空宗是就世间的事实破世间的事实之不合理,其立言甚难,故其立言甚巧,他的论理真如一个虚空,实物冲突让实物自己去冲突,在诸般冲突之后而信有虚空,不冲突故。世界是有,空宗岂有不知,故提婆说"是因缘生法世间信受"。独是提婆所谓因缘生法未必如有宗所说因缘之具体而有定义,故必待有宗起而说之。此事亦殊有趣。提婆斥世人的事实是"乳中有酪酥等,童女已妊诸子,食中已有粪",其实照因果之说应是如此,"乳中有酪酥等,童女已妊诸子,食中已有粪"。何以故?因必有果故。用有宗的话便是亲办自果,便是果俱有,引自果。故植物种子有芽茎叶等,说种子已有一株植物。那么空宗已是有宗之理论,而有宗则补出空宗之事实。其无相无生则一。

第九章　阿赖耶识

现在让我将我以前的话作一个总结。世人执著有物，不知有心，说物世人心目中有一个东西，说心则空空洞洞的，就身心说则心是官能的作用，如刀之与快。这是不合事实的，故我首说有心，心是一个东西，犹如物是一个东西，各有各的因果法则。由认识心有心这个东西之后，然后说唯心，即是中国儒者所谓合内外之道，不是物在外心在内，心物是一体，应没有"距离"，没有内外之分，这样物就是心，世界是心不是物。主要的意思便是一句，世界是心不是物。因为这是事实，故你可以用论理去表现牠，由你左说右说牠无有不合理的。世人执著有物，因为不合事实，故于理说不通，而世人固承认理智，菩萨故以理智同世人说话，叫世人认识事实。世人执著有物，于是而有"相"有"生"，世间的理智也正从有相有生起，独不思有相有生则不应理。菩萨说无相无生，说因缘。在唯心之后，无相无生是不成问题的，因为汝之相是物之相，汝之生是物之生，汝已将物之结缚解开了，汝无物为相，无物为生。要紧的是唯心，如不能得此密意，只说一切事物都是依众缘而起的，都不是独立的实在的东西，那么唯物论者又何尝不是说事物间的关系，又何尝承认世间有一个独立的实在

第九章　阿赖耶识

的东西？唯因他不能唯心之故，他的意识间总有一个物，由有一个物再来说物与物的关系罢了。智者如熊十力先生依然是眼见物说话，不过熊先生观物如看活动电影罢了。认识心何其是一件难事！中国儒者合内外之道，究其实是他的伦理观念如此，是他的物我无间的怀抱，他不是唯心而合内外，他还不能将物"格"之。将物格之便是唯心，便是合内外了。汝能唯心，再来说"相"说"生"，是可以的，而且应该说，故佛说因缘。这样便说到阿赖耶识。

阿赖耶识就是心。不用心这个字而用中国人所不惯的阿赖耶识，便是唯心之后要来说"相"，要来说"生"，要能够"合内外"。在说阿赖耶识以前，我不妨又引用伊川的话，伊川学案里面有一则曰，"天地之间，有者只是有，譬之人之知识闻见，经历数十年，一日念之，了然胸中，这个道理在那里放着来？"伊川的意思是说有心，道理是在心上放着。他慨乎其言之，是他目中无物而体认得心，不如世人"物交物则引之而已矣"。虚空则不生，如土里没有种子不能长出芽来，未曾发生的事情脑中无所谓记忆，因为本是虚空无有。若夫"知识闻见，经历数十年，一日念之，了然胸中"，数十年之中虽然忘记了牠，并不是没有牠，牠如一颗种子潜藏在那里，发生时便发生了。所以伊川曰，"天地之间，有者只是有。"接着他问，"这个道理在哪里放着来？"他确实有惊异之情，他知道有心，而不知道这个东西的相，不知道这个东西是如种子一样的生起，他仿佛这个东西不可思议。故我常想，同儒者讲阿赖耶识确是很要紧的。儒者的格物再进一步是要到这个地位的。这里并不是不可思议，是可以分辨得清清楚楚的。伊川所说经历数十年的知识闻见，是意识的作用，意识是心的一种，是一个实实在在的东西，牠以了别法为相，犹如眼识了别色，耳识了别声等

~ 171 ~

等。色与声等世人以为有这个东西，因为色"有见有对"，声"无见有对"。法虽无见无对，而法不是虚空，牠也是一个东西，故经历数十年而念之了然了。若虚空则无所谓念之。法好比是影像，影像要待现境生，法亦然，那便是我们平常见物而识物，闻声而辨声之故，不过既见既闻之后，意识有忆念过去的作用，不如影像离现境而无物了。这个过去曾所受境的藏所是什么呢？这个藏所便叫做阿赖耶识。故阿赖耶识亦名藏识。

对藏识说，意识以及眼耳鼻舌身五识则叫做转识。藏识与转识各各的作用不同，中国人则笼统的叫做心。是必有意识的，如我们第一次遇见一个陌生人，我们不认识他，见了然后认识他，到得第二回再见，虽然与第一次同是以眼见，而所见不同，这回是见了一个认识的人，这便不是眼见，是意识来认识了。若论眼见，则第一次与第二次无异，故区别决不在眼见上面。又如我们记一个字记不清楚，但确有一个字，即是有一个东西，与未曾识这个字的时候不同，到得旁人将这个字写出来看，一看便认识了，看时是眼见，一看便认识是眼见之外再由意识去认识，记不清楚的时候是单独的意识作用了。普通见物闻声等等都是于眼识耳识等等各有作用外，同时有意识作用，若单独的意识作用如记忆则意识有不明了性。而意识是实有的。说见说闻并不是如一般人的意思以眼睛去见，以耳朵去听，而是眼识依眼了别色，耳识依耳了别声，眼识便是在眼的心，耳识是在耳的心。鼻识于香，舌识于味，身识于触，类推。盲与聋不能见不能听，是他眼耳的缺陷，不是他眼之心即眼识、耳之心即耳识的缺陷，其眼识与耳识同我们眼耳健全人一样，同我们在熟睡的时候眼不见耳不闻一样。眼识耳识鼻识舌识身识意识都如水流之波，而阿赖耶识如水流。波有时不

第九章 阿赖耶识

兴，而水则无时不流，故我们可以不见物不闻声不追念过去如熟寐无梦的时候，而我们的心则无时不在，明朝早起依旧听啼鸟看落花了，好比水里又兴波作浪了。无时不在的心是阿赖耶识。

牠能藏诸转识，牠虽能藏诸转识而牠不能做牠们的事情，如箱子不能做衣物的事情。谁能否认有意识呢？你认识一个字决不单是以眼见，你不以眼见你脑中还是有一个字。这是意识作用，即是心的作用，不能如俗说是官能作用。此刻以前你不记得那个字，此刻忽然记得了，是意识有时有不明了性，若论官能，你此刻的官能同此刻以前的官能原是一样的。你不记得那个字，打开字典忽然记得了，是意识待现境而明了；把字典拿开而意识所了别的法仍在，同种子一般，以后总藏在你的心里了。必有眼耳鼻舌身五识，否则在熟睡时，汝眼耳鼻舌身无恙，何以与色声香味触不发生关系呢？转识有时起作用，有时不起作用；起作用可以同时并起，如同时看一个东西的颜色听一个东西的声音；不起作用而其作用仍在，故知识闻见经历数十年一日念之了然胸中。各别作用不相混同，是人人可以证明的。不相混同各自藏在阿赖耶识里头。如果没有藏识的话，诸转识何以能不起作用呢？即是转识不起作用时候的心呢？（再说，死时的心呢？）因为汝已能唯心。如果没有藏识的话，诸转识何以忽起作用，同时作用，各自作用，而不互相冲突呢？此时不起作用，其曾经作用安置何处呢？如说作用谢灭，汝何以有记忆呢？何以见猎心喜呢？故必有转识，必有藏识。转识与藏识各有其自体，各有其作用，换一句话说是不相混同各别的东西。总共又是一个东西，即我们的心。其各别不相混同，如一棵树的根茎枝叶花果种子。其总共为一个东西，如一颗种子长起来的树，又如一棵树所成熟的种子。种子长起来的树，树随时有种子性，现在树就是过去种子；树所成熟的种子，种子里面有一棵树的诸多器官各自种子，现在种子就是未来树。这便叫做"一合相"，有什么互相冲突的地方呢？不相冲突，各有自体，合乎理，故合乎事实。科学也正是如此。科学首重界说，即是首先认定那个东西，即各有自体。不相冲突，乃证明其各有自体。不过科学是唯物，观物而认其各有自体，是世间的理智。唯心而认心有自体，则其事甚难。

熊十力先生论习气云，"习气者，本非法尔固具，唯是有生以后，种种造作之余势，无间染净，展转丛聚，成为一团势力，浮虚幻化，流转宛如，虽非实物，而诸势互相依住，恒不散失。"欧阳竟无先生的《瑜伽论序》里面也有同熊先生类似的话，"薰习义是种子义。与彼诸法俱生俱灭，而有能生因性，无间传来为后生因，是名薰习。虽无实物而有气分，气分者犹如云起。"这都是中国学者的口声，说的话笼统得很。其所谓"实物"应该就是实实在在的东西的意思，总不至于如世俗所说探囊取物之实物。依照唯识道理，心与心所（由心所生起的事情佛书上叫做心所，如中国所谓喜怒哀乐等都是。心比太阳，心所则是光，光是太阳所生起的事情。所谓习气，所谓薰习，都是心所生起的事情）都是实实在在的东西，若无实则是虚空，有什么"气分"呢？有什么"势力"呢？所以我说唯心而认心有自体很难。印度菩萨与欧西学者求真，要物有其实，不相冲突。事实是如此，理智亦是如此，如几何所讲的点线面虽不是实物，而非虚空，虚空则是"非法"，不会令人起解。若说"幻"的话，则幻义是对世俗说的，如说几何所讲的点线面不是实物是一个意思，因为世俗说点就有一个点儿，说线就有一条线，说面就联想到一张薄薄的面。学问上所说

第九章　阿赖耶识

的幻正是法则，正是事实，岂对于一个什么实物而说幻哉？故唯心论者开口说什么实物，什么幻化，算是未能免俗。我说话总是极力避免显他人过，有时真是不得已。

　　我的意思是要说明佛家"一合相"的意义，即是各有自体，不相冲突。熊十力先生在他的著作里一方面说一合相是不对的，一方面说有宗菩萨把心析为各个独立的东西也是不对的，他不知道有宗菩萨说的正是一合相。天下事情哪里不是一合相呢？眼耳口鼻在一个首脑上，不是一合相吗？根茎枝叶花果种子同在树上，不是一合相吗？就拿一颗种子即未来树来看，不是一合相吗？要各有自体，不相冲突。我们的心，即藏识与转识，正是各有自体。藏识与转识，不相冲突，正是我们可以体认得着的心。世界是心，不是物。就我们见物一事说，要三项具备，即眼识与眼与色，而这三项是一事，诚如伊川所谓"有两物而必相须者，如心无目则不能见"，伊川将心与目合而为一，却还有外物在，仍不是合内外，事实是色与眼与识合而言之为在眼的心，不是离识别有存在的外物了。佛书上说见色的法则是"色于眼非合，非暗，非极细远，亦非有障"，非合即是要有适当的距离，迫在眉睫则视而不见。这些话我觉得很有趣，就说内外的话，是法则应有内外也。故心物一体。而心与物又有各自的体，即有其各自的因果，故起作用，否则是非法，是虚空。就转识与藏识说是一合相，就心与物说亦是一合相。就诸识说，藏识与转识各有自体；就一识说，心与物各有自体。换一句话说，心是诸多种心合起的，诸多种心是诸多种种子合起的，藏识有藏识种子，转识有转识种子，心与物又有心种子与物种子。说种子便是有自体，如树种子。说种子，便是一合相，如树种子如树。说种子便是亲办自果，如种生芽。说种子，便

~ 175 ~

是无生，如一株树与一颗种子是一个东西，不是本无今有。这个道理是多么简单！这个事实是多么简单！道理是不生不灭！事实是有！

再说，只能说有之相，不应问怎么有。汝正是问怎么有，于是汝答曰"生"，汝不知汝是妄想，非事实也。菩萨的话，只说谷麦，说谷麦种子，说的是这一个东西；世人的话则是说两个东西，即能生与所生。一株植物是诸多种子，诸多种子是一株植物，由种子长起一株植物，由一株植物又结成种子，若轮之旋环无始，佛教所说的轮回便是这个意思。阿赖耶识是诸多心诸多种子的藏所，犹如植物成熟的种子是植物一切种的藏所，种子的自种也藏在这里头，试看植物种子里头备有种子自己的营养，植物学家叫做子叶，岂非应有尽有。我们所说的"死"，是阿赖耶识离身；我们所说的"生"，是阿赖耶识依托着，即所谓投胎。死不是断灭，生仍是本有。《华严经》曰，"识是种子，后身是芽。"这所谓识，是阿赖耶识。这便叫做"种生芽法"。阿赖耶识能执持身，死时牠渐渐离身，故身上冷触渐起。若转识则无执持身的作用，观于人死时意识可仍照常，而肢体冷触渐起可知。《瑜伽论》上有这样的话可能说明执持的意思，"心心所任持不舍说明执受。当知此言遮依属根发毛爪等，及遮死后所有内身，彼非执受故。"这就是说我们身上的发毛指甲为心即阿赖耶识所不执持，同我们死后的身子为阿赖耶识所不执持一样。死后的身子，因为阿赖耶识不执持，故即成尸体，渐渐腐败了。凡我们身内的排泄物亦然，离开身子，即阿赖耶识不执持，便腐败了。若头发指甲等，因为本非执受，几乎是身外的东西，故割牠牠不痛，死后牠也就不若一块骨头容易败坏了。骨肉本是阿赖耶识所执持的，死则阿赖耶识不执持，故

第九章　阿赖耶识

败坏了。阿赖耶识是什么一个东西,读者至此,或可明白乎?世界不止我们人类这个世界,佛说三界,欲界色界无色界,阿赖耶识藏有各界种子,故各界都可生。在各界中打转,叫做轮回。

我们要认得人生如梦的真实,真实是因果法则。世界是因果法则,犹如梦是因果法则,非如俗所谓一真一假。你说话匣子不是真的声音,牠为什么不是真的声音呢?物理学所讲的牠的法则不是真的吗?牠同你亲口说话不是一个法则吗?你为什么一则执著,一则能不执著呢?佛叫你"了声如响"。在你的梦里,色声香味触都是有的,而你说是假的,因为没有色声香味触的东西在外面存着,岂知这是因果法则有异,不是真实有异;是心有异,不是内外有异。梦时是汝的意识转,醒时是汝的意识同眼耳鼻舌身识一起转,外物的因缘本来在汝的藏识里头,只是其主识有时不转罢了。如婴孩便没有外在的世界。没有外在的世界,但不是没有外在世界的种子,发生时便发生了。各自的世界都是各自的一棵心之树。心诚如种子,牠无论如何要发生的,所以汝见猎心喜。心的发生诚如种子的发生,只有这里才能见因果的道理的,所谓种生芽法。

菩萨说八识,我在上面因说话方便之故少说一识,即是将第七转识末那识省略了。末那识亦名意,此识不关外境,恒内执我,就是我们平常耳无闻目无见而有有我之心了。读者要知道八识的详细说法,请自去看佛书。或者将我的话懂得了,不再看书亦可以,重在大彻大悟,悟得合内外之道,悟得人生如梦——这不是喻言,是同几何所讲的定理一样,一点不差的。

第十章　真如

世界是心。心有眼耳鼻舌身识，故世界有色声香味触诸境。心有意识，故世界有一异，此物不是彼物。我们即不与此物彼物接触，即是耳无闻目无见，鼻舌身意识都不起作用，总还有一个我在，即是不知不觉之间总有一个有我之心，这个心叫做末那识。这七个心，眼识，耳识，鼻识，舌识，身识，意识，以及末那识，谁能否认呢？是的，我们有这诸多心。有这诸多心，故有世界。

再问，我们有合理的思想没有呢？我们有合理的思想，我们处处求合理。那么照我以前所说的话，合理是"无我"。无我故末那识不是真实的。合理是唯心，意识所执著的此物彼物不是真实的，即是意识不是真实的。末那识不是真实的，即无我；意识不是真实的，即无相：无我无相故眼耳鼻舌身意空。空故种子灭，于是阿赖耶识断。阿赖耶识断，即种子心断，于是心不是生起的心，不在因果之中，便是"真如"。

那么唯识的精义至此不已明白乎？始终是心这个东西，世界是牠，佛亦是牠，一个可以我们的私心比之，一个可以我们的良心比之，我们平常总是私心用事，良心发现时则私心无有。而我们的良心即圣贤的良心，这里是没有智愚贤不肖的区别的，正是

第十章 真如

孟子所谓性善（孟子说大人者不失其赤子之心则不然，赤子心是种子心萌而未发），佛说平等平等。由私心到良心，有什么界限呢？只要私心灭，良心便发现了。那么种子心断便实证真如，有什么不可信呢？不可信岂不是不信任理智吗？理智是如此，故事实是如此。你以为世界很稀奇，真如也决不是虚空，只是我们不能拿世间言语去比拟，世间言语只说得真如实有而已。佛总是说他不诳语，也无非是要人相信。而世人不相信，不相信事实，你说你不能作证，不相信理智——则是应该反省的！那么你为什么不能作证呢？

这样说来，事实好像是一件幻术，你说有，世界便在眼前，而且大家在这里受苦，耶稣为我们背十字架，苏格拉底我们要他服毒；你说幻，真个便一点实在的理由没有，反而有一个不相信的真实摆在当前，说时迟那时快，我们已是佛。众生受苦，而实无有众生。无有众生，而又自作自受，世界的差别，即是轮回，便是这样来的。这样来的，而又可以到那里去，即是佛。于是本无所从来，去亦无所至。这都不是诳语，明明白白，简简单单，理智是如此的。理智不是学得的，是本有的。若学得的理智则是从我执法执起，是相名妄想。离开相名妄想便是理智了。于是我总括一句，是的，世界是幻术，这个幻术是理智，一无所有而无所不有，便是"色即是空，空即是色，受想行识亦复如是"。我最赞叹佛经上这样的话："譬工幻师，造种种幻"。呜呼！孰能知此意！

由理智而能知此意。宗教是理智之至极，世人乃以相名妄想去批评他。基督教说上帝创世，孔子说天命，正是圣人的言语。而近代思想乃有生物学，乃有进化论，举世不知其妄语，不知其造业！

"譬工幻师，造种种幻"，那么世界是佛的神通变化了，用熊

十力先生的话正是"真如显现为一切法"。我极力避免说熊先生不是,自己把正面的意思说出来便罢了。《华严经》云:

> 眼耳鼻舌身心意诸情根
> 因此转众苦而实无所转
> 法性无所转示现故有转
> 于彼无示现示现无所有

示现而无所示现,众生受苦而无有众生,度众生而实无有众生得灭度者,理智是如此,故事实是如此。佛教三藏十二部经都是同我们说一个理字,说一个理字于是事实是唯心即唯识。

在另一方面,中国儒者说一个理字,《四书》朱注"天即理也"。又云"天下之物皆实理之所为"。这个理字的含义却不是理智的意思,是至善的意思。用熊十力先生的体用二字,中国儒者的理字是"体",佛家所说的理字是"用"。儒者见体而不识用之全,因其未能格物。未能格物,故有时于理智说不通,故儒者还是凡夫。而世界本不是凡俗,换一句话说不是科学,是佛的神通变化。用孔子的话是"天命"。佛慈悲,孔子曰畏天命,孰谓世界不苦乎?性善二字,直到孟子道出,最能见得儒家的价值,把真理面目一语道尽无遗,然而儒家从此离宗教远矣。

熊十力先生再三说"生化",赞"生生不已",实在是熊先生不识幻义。幻字就是示现的意思。我且引孔子的话说明示现的意思。孔子曰:"天之将丧斯文也,后起者不得与于斯文也;天之未丧斯文也,匡人其于予何!"孔子又曰:"天生德于予。"若执著于生,则孔子这些话是无可奈何之辞,等于穷则呼天;若懂得示现,则孔子说的是真实。诗云:"天生烝民,有物有则,民之秉彝,好是懿德。"这所谓"生",不是生化,是示现,因为"有物有则"非本无今有，即非生而后有。世人执著物，故有生耳。熊先生书，未免太有世间气，因为熊先生的生仍是世俗的生耳，非孔子"天生德于予"之生。科学重理智，何其生的观念亦是世俗的生，于理智不可通。

最后问一句话，孔子应该是宗教家不是宗教家呢？我毫不踌躇曰："孔子是宗教家。"圣人都是真理现身说法，都是宗教家。宗教家都是以出世主义救世的，只有孔子是现世主义救世。凡属宗教从世俗的眼光看都是近乎迷信的，故孔子亦有"凤鸟不至，河不出图"的话。实在这是理智的至极，世界本是示现，不是生化。

其他论著

申唯识宗义
——驳《原人论》

章太炎

唯识宗者，建三性而为言。其说名相，一依"依他起性"，二依"遍计所执自性"。以识境对立者，依遍计以立名；以见相对立者，依依他以立名。盖境者，封略领域之名，义有方隅，本谓在外。相者，昭露著明之象，义无遐迹，可说在内。就字义以分别，二者固有殊矣。识境对立，疑于识外有境，故云识有境无。相见对立，则同依一识而分，故说相见皆有。《成唯识论》云：执有离识所缘境者，彼说外境是所缘，相分名行相，见分名事；达无离识所缘境者，则说相分是所缘，见分名行相，见所依自体名事，即自证分。其义至明。

唐草堂僧宗密，不达斯义，作《原人论》，破唯识宗曰："所变之境既妄，能变之识岂真？若言一有一无者，则梦想与所见物应异。异则梦不是物，物不是梦。寤来梦灭，其物应在。又物若非梦，应是真物。梦若非物，以何为相？"此不解唯识深趣之言也。本以世俗言境，义在识外，故以有无表遮。若从胜义，境非是境，乃是相分；即彼能见相分者，说为见分；见相二分，同依一识，故境非有而相假有。有时境相并说为无，而空假二途，义本有异。

宗密唯据境识之文，横相驳难，可谓昧于文义者矣。其所驳诘，亦不合于立破之法。何者？凡欲破人，必依敌人所许而后破之。今敌人言识有境无，而此转诘之曰：寤来梦灭，其物应在。夫既明言境无，虽在梦时，固已无物。岂得至寤而犹在耶？又言物若非梦，应是真物。详唯识义，本不言境非识，亦不言境异识，唯有表识遮境之辞。盖以境既是无，则不得云非识，亦不得云异识矣。且就常识计之，诸言无者，其言为有为无耶？则必谓其言是有。其所谓无者，其体相为有为无耶？则必谓体相是无。以能诠之言喻识，以所诠之事喻境。一有一无，居然可知。

若如宗密所驳者，亦当云："言与无应异，异则无非是言，言非是无，语已默然，无相应在。"此乃反于常识，为诡辩缪举矣。又言梦若非物，以何为相？盖未达所谓境识者，与所谓相见有殊。采敌人境识之说，而破之以相见之文，此亦汗漫之甚也。相即五识现量，世皆亲证，岂得一向遮为无有，与龟毛兔角同日而论耶？若说相分亦毕竟无者，即堕世间相违之过。然而世间亦说心外有境，今云无境，独无违于世俗者何也？以彼现量证时，不执为外，即以同聚见分，缘此同聚相分。而无相在见外之想，亦不分别何者是相，何者是见，此一刹那现量所得，世俗之所同然。依此现量，说境是无，故无世间相违之过。相见二分，同体异名，亦于是可定矣。寤时所见，即依自识所变之相；梦中所见，即依熏成种子所现之相。若不妄执以为外境，虽在梦中所见，此相仍非绝无。故《辩中边论》说：幻作象马，彼非实有象马等性，亦非全无，乱识似彼诸象马等而显现故。若妄执以为外境，虽在寤时所见，其境亦非诚有。要待意想，始执为外，率尔感觉所得不如是故。然则世俗唯物论者，增益感觉以成境有。而此唯物论者，不坏感觉而成境无。正如感觉所得，未尝增益秋豪，说心外有境；亦未尝减损秋豪，说相为无有。斯所以为妙道，亦最易了知者。

纵诘问梦中之相，答者何遽无辞乎？《成唯识论》本云："似所缘相，说名相分。似能缘相，说名见分。"又引《集量》伽他云："似境相所量，能取相自证，即能量及果，此三体无别。"此谓二分同体，未尝强遮相分为无，亦未尝割分相见为二，有所抑扬与夺也。但立论之道，取以喻人，惟说一识，则浑沌无分，故使相见对立，期于意趣可知耳。

若夫双非相见，亦于《辩中边论》见之，而以境识为相见代名。《论》曰："唯识生时，现似种种虚妄境故，名有所得。以所得境无实性故，能得实性，亦不得成，由能得识无所得故。所取能取，二有所得，平等俱成，无所得性。"此似与宗密同意，其实大殊。言所得境无实性，则仍许其幻有，故知境为相之代名也。言识生时，言能得识，皆非不动识体，故知识为见之代名也。若极成唯识宗义，非独心是实有，虽色亦是实有，以色不离心，是故知其非幻。《辩中边论》曰："色蕴中有三义：一所执义色，谓色之遍计所执性；二分别义色，谓色之依他起性；三法性义色，谓色之圆成实性。"此与马鸣所说色心不二正同。然此离言自证，固不可知。为彼遍计所执之言，岂独色为无有耶？虽识亦不得有《二十唯识论》云："余识所执此唯识性，其体亦无，名法无我。不尔，余识所执境有，则唯识理应不得成，许诸余识有实境故。"《成唯识论》云："若执唯识真实有者，如执外境，亦是法执。"所以者何？真见、有见,悉是法执。正以此心还证此心时,不起有无虚实之见,亦不分别此名为心,此异于色。逮乎名之为心无垢识、如来藏诸名犹是。说之为有,已在遍计所执中矣。然一切名言,未有离于遍计者。是故说法著书,不得不言心有。此盖势无可越,缘不得已而起者也。

宗密既举《中论》以破法相,次复诘般若宗曰:"若心境皆无,知无者谁?又若都无实法,依何现诸虚妄?"此又转撼法相宗言,以破清辩、智光之义,而终以一乘显性教为归。其言曰:"一切有情,皆有本觉真心,无始以来,常住清净……亦名佛性,亦名如来藏。从无始际,妄想翳之,不自觉知,但认凡质,故耽著结业,受生死苦。"此本与法相所明无二。如来藏即藏识,《密严》已通之矣,《起信》亦说如来藏随缘,随缘则即阿赖耶识。此但说为本觉真心,乃倒从证正觉后进论最初之名。

然若随文生执,如彼所破唯识宗者,则一乘显性教,非无可驳。何者?既是常住清净,何得倏有妄想翳之?此妄想者,为即在本觉真心中耶?为在本觉真心外耶?若在外者,则是本觉真心与妄想对立为二,二则众生本有二心,以何为柢?若即在本觉真心中者,于真心中而有妄想,何得名为清净?如彼浊水,虽自性清,而为泥垢所滓,即名浊水。要待摅漉蒸发以后,方名清水,何得云无始常住清净也?泥垢尚非水之自体,乃自水外别来,犹可强说水性本情。而此妄想,除本觉真心外,更无自体。既不可分离为二,尚得云本觉真心常住清净哉?又此妄想为因境而有耶?为不因境而有耶?若因境而有者,从无始来,即是心境对立,而二元之见不可斥为浅劣,法我之执不可诃为迷妄,云何《华严》《楞伽》《起信》诸经论,皆说惟是一心。若不因境而有者,本觉真心,惟是绝对,何因忽生妄想?纵如经论譬说之言,以风喻无明，以大海喻清净心。然海非是风，风非是海。风非依海而有，则无明亦非依清净心而有，何得言依本觉起不觉？正可言别有不觉，自外来动本觉耳。

尝观《显扬》《摄论》所言，有"自性圆成实"，有"清净圆成实"，亦言"有垢真如""无垢真如"。然则众生无始以来，法尔唯有有垢真如，所以者何？真如惟是含藏智识，而体自绝对。绝对故不能自知，即此不能自知之心，即为有垢，即为无明。以不自知，而所含藏智识非无，故迷为种种身资国土。诸相既分，转起自他之见，则我执、法执生焉。要如是说，方不于本觉真心外，别立无明。风海之喻，惟是粗举类例，实非同法喻也。以有法执，故能信有真如。故能求证，及既证真如已。而知真如惟是一心，更无相状，齐此方名无垢真如。已证而不更迷者，由曾经历我执、法执之见。今者已得转依，执见虽除，而能善巧用此，故虽绝对而无不自知心。无不自知，故不得迷成种种。要如是说，乃知未证以前，实赖无明，为能引发真如之念；既证以后，犹赖曾有无明，故令无明不再生起。虽如《金七十论》所云"为增长犊子，无知转为乳，为解脱人我，无知性亦尔"者，未尝非无见之言。《圆觉经》金矿之喻，亦唯粗举类例。终之矿中有沙，沙亦他物，而非金之自体。淘炼成金，惟是去沙，而非能转沙为金。故亦非同法喻也。

若如宗密所计，虽复远本经论，其文义独无塞碍耶？假令唯识学人，依宗密语，以驳宗密，是亦可曰：真心既为妄想所翳，则妄想与真心有异，异则妄想非真心，真心非妄想，证真如后，妄想应在。般若学人亦可驳宗密曰：若真心妄想皆是无始所有，汝所谓真心者，乌知其非妄想？汝所谓妄想者，乌知其非真心？何以故？真固自见为真，而妄亦自见为真；真固以妄为妄,而妄亦以真为妄故。又若真心常遍，于何刹那，生此妄想？以何空隙，容此妄想。宗密其奚以自解耶？纵复别义自救，而彼二家亦非不可自救。故知暗于文义者，破他则反以自破；无名言善巧者，所立之义虽是，能立之言尚非也。

宗密《原人论》为世所称，详其指斥他宗，似都不寻本义，妄诬昔贤。其斥儒道二家所云禀气受质者，唯是《礼记》曲说及汉儒杂采阴阳家之言，孟子、孙卿未尝言是也。所云元气生天地，世界未成，一度空劫者，惟是天师米贼之言，老聃、庄周未尝言是也。又以一生二、二生三，为天地人，王辅嗣注本无是言，令老子所见如此。其云三生万物者，岂可云人生万物耶？不明二家之义，横取巫蛊之言以诬先哲，可谓盲人骑瞎马矣。其驳唯识一宗亦多类是，今但申唯识，他日更申儒道之旨尔。

（1918年《觉社丛书》第1期）

佛教心理学浅测
——从学理上解释五蕴皆空

梁启超

一

诸君！我对于心理学和佛教都没深造研究，今日拈出这一个题目在此讲演，实在大胆。好在本会是讨论学问机关，虽然见解没有成熟，也不妨提出来作共同讨论的资料。我确信研究佛学，应该从经典中所说的心理学入手，我确信研究心理学，应该以佛教教理为重要研究品。但我先要声明，我不过正在开始研究中，我的工作百分未得一二。我虽自信我的研究途径不错，我不敢说我的研究结果是对。今天讲演，是想把个人很幼稚的意见来请教诸君和海内佛学大家，所以标题叫做"浅测"。

二

倘若有人问佛教经典全藏八千卷，能用一句话包括他吗？我便一点不迟疑答道："无我、我所。"再省略也可以仅答两个字："无我。"因为"我"既无,"我所"不消说也无了。怎样才能理会得这无我境界呢?我们为措词便利起见,可以说有两条路:一是证,二是学。证是纯用直观,摆落言诠,炯然见出无我的圆相,若搀入丝毫理智作用,便不对了。学是从学理上说明我之所以无,用理智去破除不正当的理智。学佛的最后成就,自然在证,所以有学这个名词,在佛门中专指未得上乘果的人而言,但佛教并不排斥学,若果排斥学,那么,何必说法呢?我们从证的方面看,佛教自然是超科学的,若从学的方面看,用科学方法研究佛理,并无过咎。

佛家说的叫做"法"。倘若有人问我:"法"是什么?我便一点不迟疑答道:"就是心理学。"不信,试看小乘俱舍家说的七十五法,大乘瑜伽说的百法,除却说明心理现象外,更有何话?试看所谓五蕴,所谓十二因缘,所谓十二处、十八界,所谓八识,哪一门子不是心理学?又如四圣谛、八正道等种种法门所说修养工夫,也不外根据心理学上正当见解,把意识结习层层剥落。严格的说,现代欧美所谓心理学和佛教所讲心识之相范围广狭既不同,剖析精粗迹迥别,当然不能混为一谈。但就学问大概的分类说,说"心识之相"的学问认为心理,并无过咎。至于最高的证,原是超心理学的,那是学问范围以外的事,又当别论了。

三

佛教为什么如此注重心理学呢?因为把心理状态研究很真确,便可以证明"无我"的道理。因为一般人所谓我,不过把"意识相续集起的统一状态"认为实体,跟着妄执这实体便是"我"。然而按诸事实，确非如此，状态是变迁无常的东西，如何能认为有体？《唯识颂》说：

> 由假说我法，有种种相转，彼依识所变。

意思说是"因为说话方便起见，假立'我'和'法'的名称，于是在这假名里头有种种流转状态之可言，其实在这假名和他所属的状态，不过依凭'识'那样东西变现出来"。简单说，除"识"之外，无"我"体，然而"识"也不过一种状态，几千卷佛典所发明的，不外此理。

我们为研究便利起见，先将"五蕴皆空"的道理研究清楚，其余便可迎刃而解。

五蕴或译五阴，或译五聚。"蕴"是什么意思呢？《大乘五蕴论》说：

> 以积聚义说名为蕴，世相续，品类趣处差别，色等总略摄故。

什么是"世相续"？谓时间的随生随灭，继续不断。什么是"品类趣处差别"？谓把意识的表象分类。佛家以为，从心理过程上观察，有种种观念在时间上相续继起，而且内容像很复杂，很混乱，但可以用论理的方法分为五类，每类都是状态和状态联构而成，一聚一聚的，所以叫做聚，又叫做蕴。

五蕴是色、受、想、行、识，佛家以为心理的表象，这五种包括无遗。这五种的详细解释，很要费些话，今为讲演便利起见，姑用现代普通语先略示他的概念。

色——有客观性的事物

受——感觉

想——记忆

行——作意及行为

识——心理活动之统一状态

我这种训释是很粗糙的，不见得便和五蕴内容吻合，详细剖析，当待下文。但依此观念，用西洋哲学家用语对照，可以勉强说，前一蕴是物，后四蕴是心。《大毗婆沙论》（卷十五）说：

总立二分，谓色、非色。色即是色蕴，非色即是受等四蕴。……色法粗显，即说为色。非色微隐，由名显故，说之为名。

色蕴是客观性较强的现象，有实形可指或实象可拟，故属于西洋哲家所谓物的方面。受等四蕴，都是内界心理活动现象，像是离外缘而独立，专靠名词来表他性质——例如什么是"记忆"，没有法子把他的形或象呈献出来，不过我们认识"记忆"这个名词所含的意义，便也认识"记忆"的性质。这类心理现象"微隐而由名显"，佛家把他和色对待，叫做非色，亦叫做名，即是西洋哲家所谓心的方面。依这种分析，则是色蕴与后四蕴对峙，其类系如下：

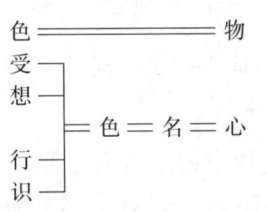

```
色 ═══════════ 物
受 ┐
想 │
   ├─ 色 ═ 名 ═ 心
行 │
识 ┘
```

五蕴还有第二种分类法。佛家因为要破除我和我所，所以说五蕴。说五蕴何以能破除我、我所？因为常人所认为我、我所者，不出五蕴之外。《大乘阿毗达磨杂集论》（卷一）说：

问：何因蕴唯有五？答：为显五种我事故。谓为显身具我事（色）、受有我事（受）、言说我事（想）、造作一切法非法我事（行）、彼所依止我自体事（识），于此五中，前四是我所事，第五即我相事。……所以者何？世间有情多于识蕴计执为我，余蕴计执我所。

这段话怎么讲呢？据一般人的见地，眼、耳、鼻、舌是我的，色、声、香、味是我接触的，自然色是我所有的色，乃至我感觉故受是我所有，我记忆故想是我所有，我作意或行为故行是我所有。

这四种虽然或属物理现象或属心理现象，但都是由我观察他，认识他，所以都说是我所。然则能观察、能认识的我是什么呢？一般人以为"心理活动统一之状态"的识即是我，笛卡儿所谓"我思故我存"就是这种见解。依这样分析，则是识蕴与前四蕴对峙，其类系如下：

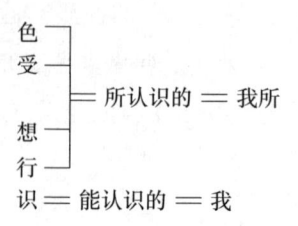

```
色 ┐
受 │
   ├── 所认识的 ── 我所
想 │
行 ┘
识 ══ 能认识的 ══ 我
```

佛家以为这五种都是心理过程，一样无常不实，所以用平等观建设五蕴皆空的理论。

我们要证明五蕴皆空说是否合于真理，非先将五蕴的内容性质分析研究不可，内中受、想、行三蕴，就常识的判断，人人都共知为心理过程，没有多大问题。独有那客观存在的色蕴和主观所依的识蕴，一般人的常识认为独立存在？何以佛家也把他和那三蕴平列，一律说是无常，说是空？明白这道理，可以知道佛法的特色了。今引据经论，顺序说明。

四、色蕴

《大乘五蕴论》（以下省称《五蕴论》）说：

> 云何色蕴？谓四大种及四大种所造色。……

《大乘阿毗达磨杂集论》（以下省称《杂集论》）（卷一）说：

> 问：色蕴何相？答：变现相是色相。此有二种：一、触对变坏，二、方所示现。触对变坏者，谓由手、足乃至蚊、蛇所触对时即便变坏。方所示现者，谓由方所可相示现如此如此色。如此如此色或由定心，或由不定寻思相应种种构画。……如此如此色者，谓形显差别种种构画者，谓如相而想。

《五事毗婆沙论》（以下省称《五事论》）（卷上）说：

> 问：依何义故说为色？答：渐次积集，渐次散坏，种种生长，会遇怨亲，能坏能成，皆是色义。佛说，变坏故名为色，变坏即是可恼坏义。

《顺正理论》（卷三）说：

> 诸所有色，若过去、若未来、若现在，若内若外、若粗若细、若胜或劣、若远若近，如是一切略为一聚，说名色蕴。

我们试综合这几段话，研究佛家所谓色。所谓"四大种"者，指坚、湿、暖、动四种性——世法呼为地、水、火、风之"四大"。所谓"所造色"者，指由这四种性构造出来形形色色的事物，内中大别为两样性质：一、有形可指的叫做"触对变坏"，如山川草木、眼耳口鼻、笔墨桌椅等皆是。触对变坏怎么讲呢？或为手等所能触,或为眼等所能对,但用人力或他种力加到他身上,他会变样子或破坏。二、有象可寻的叫做"方所示现",如长短方圆、青黄赤白、甜酸苦辣等,以及其他许多抽象观念皆是。方所示现怎么讲呢?我们将各种印象(相)各各给他安上一个名,如何便是方,如何便是圆……方圆等名是我构画出来,碰着对象合于我构画的方,便认为方,合于我构画的圆,便认为圆。这便是"如相而想"。

这种种色依物质运动的理法,碰着有和合性的便相吸,碰着有抵逆性的便相拒。相吸便成,相拒变坏,所以说"会遇怨或亲,便能坏或能成"。既已怨亲交错,成坏回环,所以凡物质(色)都是"渐次积集,渐次散坏"。不独触对变坏的色为然,即方所示现的色亦然,所以说是变现或变坏或恼坏,恼是刺戟的意思,坏是变化的意思。

如是种种色不问为过去、现在、未来、内界、外界所变现,不问变现出来的粗细、胜劣、远近,我们用逻辑的分类,认他同一性质,统为一"聚"叫做色蕴。为什么把他们统为一聚呢?《集异门足论》(卷十一)说:

问:云何一切略为一聚?答:推度、思惟、称量、观察集为一聚,是名为如是一切略为一聚,说名色蕴。

因为我们用同样的推度、思惟、称量、观察的方式,认识所谓"色"这类东西,所以说是一聚,其余那四聚的名称,也因此而立。

佛家又将色相分为三大类,《大毗婆沙论》(卷十六)说:

色相有三种:可见有对、不可见有对、不可见无对。

这三色相怎么讲呢?例如我们环境所见的一切实物,是可见有对的色相;例如别人的性格或思想,是不可见有对的色相;例如宇宙普遍性,是不可见的无对的色相。常识上认为性格悬殊的三种现象，佛家用逻辑的方式，都把他们编归一聚，通叫做色。所以佛家所谓色，固然一切物质都包含在内，但我们不能拿物质两个字翻译色字，因为范围广狭不同。

"不可见有对""不可见无对"这两种色，不能离开我们心理而独自存在，这是人人易懂的。至于"可见有对"的色，即通常所谓物质，如草木桌椅等，分明是有客观的独立存在，如何能说他无实体呢？《成实论》（卷三）为辨明此义，设问道：

> 问曰：四大是实有，所以者何？《阿毗昙》中说："坚相是地种，湿相是水种，热相是火种，动相是风种。"是故四大是实有。

这话是根据佛说设难，说客观物质实有——起码总实有地、水、火、风四件东西，既有这四件，自然这四件所造色也是实有。佛家怎样反驳呢？《俱舍论》（卷一）说：

> 地谓显形，色处为体，随世间想假立此名，由世间相示地相，以显形色而相示故。水火亦然。

意思说，地、水、火、风这些名字，不过我们为整理观念起见，将坚、湿、热、动四种属性权为分类，除却坚相，我们便理会不出什么叫地，除却湿等相，我们便理会不出什么叫水等，所以说"四大是假名"。

外人又反驳道："那么最少坚等四相是实有。"佛家再反驳道："不然，因为相本来无定的。"《成实论》（卷三）说：

> 坚法尚无，况假名地？若泥团是坚，泥团即为软，故知无定坚相。又以少因缘故生坚心，若微尘疏合名为软，密合为坚，是故无定。

意思说，坚和软，不过主观的评价，若离却主观的状态，说是客观性有坚软的独立存在，是不合理的。

佛典中讨论这问题的话很多，限于时间，恕不详细征引剖析了。要之，佛家所谓色蕴，离不开心理的经验，经验集积的表象名之为色。《成实论》（卷一）说：

> 如人病愈，自知得离，如水相冷，饮者乃知。……如地坚相，坚何等相？不得语答，触乃可知，如生盲人不可语以青黄赤白。

可见离却主观的经验，那客观是什么东西，我们便不能想象，严密勘下去，也可以说色蕴是受、想、行、识种种经历现出来。比如我们说屋外那棵是柳树，怎么知道有柳树呢？那认识活动过程第一步，先感觉眼前有一棵高大青绿的东西，便是受。其次，联想起我过去所知道的如何如何便是树，如何如何便是柳树，把这些影像都再现出来，便是想。其次，将这些影像和眼前所见这样东西比较看对不对，便是行。最后了然认得他是柳树，便是识。凡我们认为外界的"色"，非经过这种种程序后不能成立，所以"色"是我们心理的表象。我解释色蕴，暂此为止。

五、受想行三蕴

这三蕴是讲心理的分析，我们为时间所限，只能略述他的定义。《五蕴论》说：

> 云何受蕴？谓三领纳：一苦、二乐、三不苦不乐。
>
> 云何想蕴？谓于境界取种种相。
>
> 云何行蕴？谓除受、想，诸余心法及心不相应行。

《杂集论》（卷一）说：

问：受蕴何相？答：领纳是受想。谓由受故，领纳种种业所得异熟。……

问：想蕴何相？答：构了是想相。由此想故，构画种种诸法像类，随听见闻觉知之义，起诸言说。……

问：行蕴何相？答：造作相是行相。由此行故，令心造作，谓于善恶无记品中驱役心故，又于种种苦乐等位驱役心故。

《辨中边论》（卷上）说：

于尘受者，谓领尘苦等，说名受阴。

分别者，谓选择尘差别，是名想阴。

引行者，能令心舍此取彼，谓欲思惟作意等，名为行阴。

"受"训领纳，即是感觉，一种现象到跟前，我感受他或觉苦或觉乐，或觉不苦不乐。

"想"于境界取种种相。《阿毗昙杂心论》说："想蕴于境界能取像貌。"《墨子·经上》篇说："知者以其知过物而行貌之。"即是此义。我们遇见一种现象，像用照相镜一般把他影照过来，形成所谓记忆，做"诸言说"的资粮，便是想。

"行"是造作，除受、想两项外，其余一切心理活动都归入这一蕴中。他的特色，在"能令心趣此舍彼"。今欲明行蕴的内容，不能不将佛家所谓五位诸法先说一说。

佛家将一切法分为五位：一色法、二心王法、三心所法、四不相应行法、五无为法。五法的分类是各家所同的，位次先后及每位的数目，各有出入。例如俱舍家只讲七十五法，唯识家讲百法。五位中除无为法靠证不靠学外，其余四位，统名有为法，都属心理学范围。色法，指有客观性的事物之相。心王法，指心意识的本相。心所法，举全文应云"心所有法"，亦名"心数法"，西洋学者所说心理现象正属此类，名目如受、想、触、欲、念、作意、贪、嗔、痴、信、勤、惭、愧等类皆是。不相应法，举全文应云"心不相应行法"，心不相应怎么讲？《五蕴论》谓："依色、心、心法分位，但假建立，不可施设。"用现在话讲，可以说是，不能归入色法、心法、心所法三类的叫做不相应法。名目如得、非得、生、老等类，如名、句、文等类。今将诸法分配五蕴列一表，依小乘家《俱舍论》的法数制出，其大乘家《五蕴论》《瑜伽师地论》等所讲百法，有些出入，但心所法及不相应法分配受、想、行三蕴大致相同。

看这表可以见出行蕴内容如何复杂了，大抵佛家对于心理分析，异常努力，愈析愈精。释迦牟尼时代，虽仅分受、想、行三大聚。"行"的方面，已经错杂举出许多属性，后来学者将这些话整理一番，又加以剖析增补，大类中分小类，小类中又分小类，遂把"行相"研究得如此绵密。我的学力还够不上解释他，而且时间亦不许，姑说到此处为止。但我敢说一句话，他们的分析是极科学的，若就心理构造机能那方面说，他们所研究自然比不上西洋人；若论内省的观察之深刻，论理上施设之精密，恐怕现代西洋心理学大家还要让几步哩。

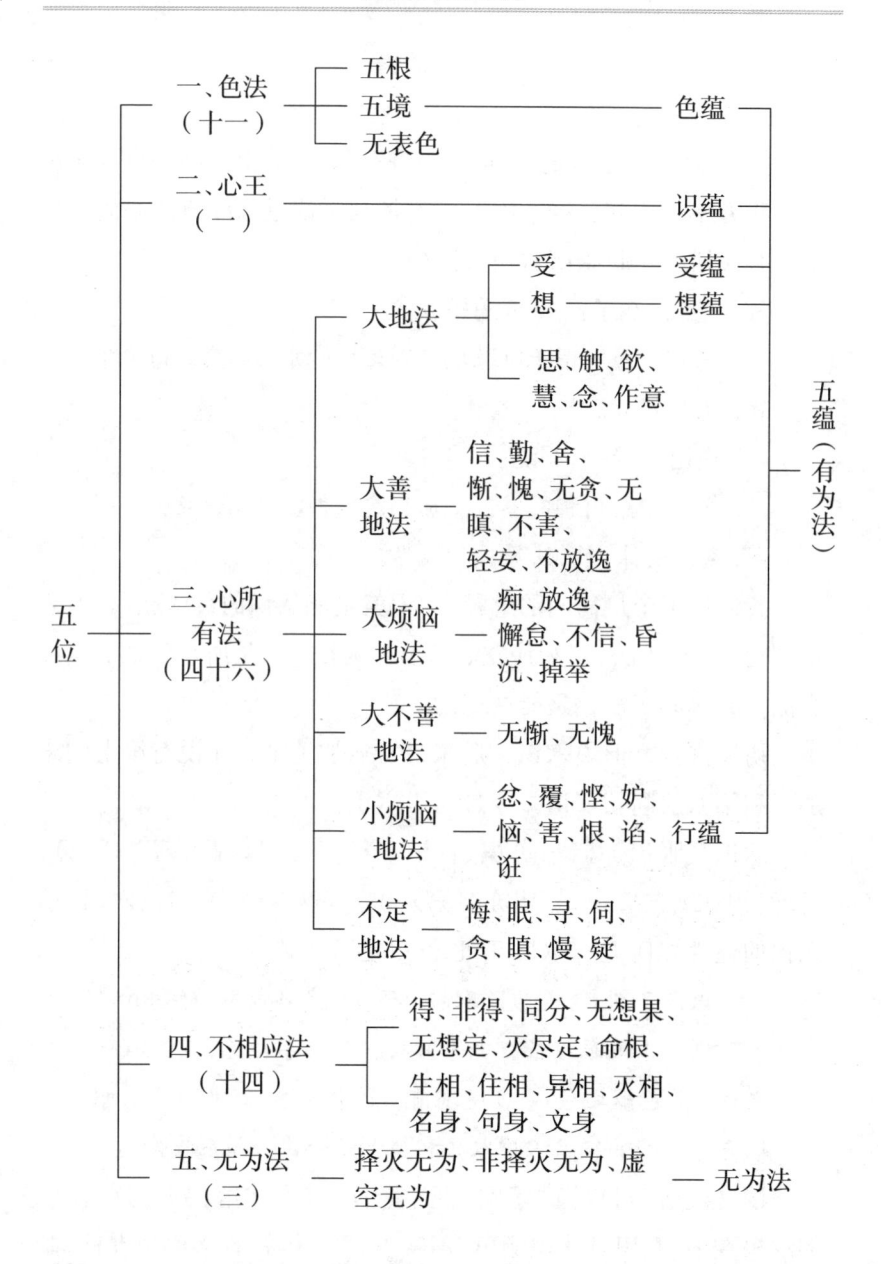

```
                                 ┌─ 五根
         ┌─ 一、色法 ─────────────┼─ 五境 ──────────────── 色蕴 ──┐
         │    （十一）            └─ 无表色                        │
         │                                                          │
         │  二、心王                                                │
         ├─  （一） ─────────────────────────────── 识蕴 ──┤
         │                                                          │
         │                          ┌─ 受 ──── 受蕴                │
         │                   ┌─ 大地法 ─┤                          │
         │                   │          ├─ 想 ──── 想蕴            │
         │                   │          └─ 思、触、欲、             │
         │                   │             慧、念、作意             │
         │                   │                                      │
         │                   │          ┌ 信、勤、舍、              │
         │                   ├─ 大善    │ 惭、愧、无贪、无          │
         │                   │   地法 ──┤ 瞋、不害、                │ 五
         │                   │          │ 轻安、不放逸              │ 蕴
         │  三、心所          │                                      │ （
         ├─  有法    ────────┤          ┌ 痴、放逸、                │ 有
         │  （四十六）        ├─ 大烦恼 │                          │ 为
         │                   │   地法 ──┤ 懈怠、不信、昏            │ 法
         │                   │          └ 沉、掉举                  │ ）
  五     │                   │                                      │
  位  ───┤                   ├─ 大不善 ─── 无惭、无愧               │
         │                   │   地法                               │
         │                   │                                      │
         │                   │          ┌ 忿、覆、悭、妒、          │
         │                   ├─ 小烦恼  │                          │
         │                   │   地法 ──┤ 恼、害、恨、谄、── 行蕴  │
         │                   │          └ 诳                        │
         │                   │                                      │
         │                   │          ┌ 悔、眠、寻、伺、          │
         │                   └─ 不定 ───┤                          │
         │                      地法    └ 贪、瞋、慢、疑            ┘
         │
         │                          ┌ 得、非得、同分、无想果、
         │  四、不相应法             │ 无想定、灭尽定、命根、
         ├─  （十四）  ─────────────┤ 生相、住相、异相、灭相、
         │                          └ 名身、句身、文身
         │
         │  五、无为法              ┌ 择灭无为、非择灭无为、虚
         └─  （三）    ─────────────┤                          ── 无为法
                                    └ 空无为
```

六、识蕴

"识"是最难了解的东西,若了解得这个,全盘佛法也都了解了,我万不敢说我已经了解,不过依据所读过的经典热心研究罢了。有说错的,盼望诸君切实指教。

"识"是什么了?《五蕴论》说:

> 云何识蕴?谓于所缘境了别为性,亦名心意。由采集故,意所摄故。

《杂集论》(卷一)说:

> 问:识蕴何相?答:了别相是识相。由此识故,了别色、声、香、味、触、法等种种境界。

我们试下个最简明的解释,"识就是能认识的自体相"。前表所列色法、心所法、不相应法,乃至无为法,都是所认识的,识即心法,亦称心王法,是能认识的。

初期佛教,但说六识,后来分析愈加精密,才说有第七的末那识和第八的阿赖耶识。今且先讲六识。

六识是眼识、耳识、鼻识、舌识、身识、意识。就中眼、耳、鼻、舌、身识亦名前五识,意识亦名第六识,合这六种,亦名前六识。前六识的通性如何呢?《顺正理论》(卷三)说:

> 识谓了别者,是唯总取境界取义,各各总取彼境相,各各了别。谓彼眼识虽有色等(按:此色字是色、声、香、味之色,非色蕴之色),多境现前,然唯取色,不取声等,唯取青等……如彼眼识惟取总相,如是余识,随应当知。

读这段话,可以懂"了别"两字意义,了是了解,别是分别。许多现象在前,眼识唯认识颜色,不管声、香、味等;许多颜色在前,眼识当其认识青色时，不管黄、赤、白等。认识颜色是了解，把颜色提出来，不与声、香、味等相混是分别，认识青色是了解，把青色提出来，不与黄、赤、白等相混是分别。所以说识的功能在了别。眼识如此，耳、鼻、舌、身识同为前五识，可以类推。

第六的意识要稍加说明。前五识以可见有对的色为对象，意识以不可见有对及不可见的无对的色为对象。例如释迦牟尼是何样的人格，极乐世界何样的内容，这不是眼看得见，手摸得着的，便属于第六意识的范围。

识是怎么发生呢？佛典有一句最通行的话：

> 眼色为缘，生于眼识。

这句话几乎无论那部经典都有，真算得佛家基本的理论，意思说是"眼睛与外界的颜色相缘，才能发生所谓眼识者"。省略说，便是"根尘生识"（眼、耳、鼻、舌、身、意名六根，色、声、香、味、触、法名六尘）。这句话怎么讲呢？《顺正理论》（卷十）说：

> 眼、色、识三俱起时，眼不待二，色亦如是，识生必托所依所缘故眼识生，故眼识生要待余二。……然彼所依复有二种：一是和合所依，谓识。二是相离所依，谓眼。或识是彼亲密所依，眼根是彼系属所依，所缘即是彼所取境，故彼生时必待三法，眼及色为缘生于眼识者，谓眼与色和合为缘生于眼识。……

说眼根，我们或者可以想象他独立存在。说色尘，我们或者可以相象他独立存在。至于能了别颜色的眼识，一定要面上的眼睛和外界的颜色起了交涉时才能发生，但了别颜色的并不是面上眼睛，乃是眼睛的识。比如瞎子，或睡觉的人，或初死的人眼睛虽然如故，却不了别颜色，因为他没有了眼识，耳、鼻、舌、身识

~ 203 ~

可以类推，所以说"识从三和合生"。前五识的性质大略如是。

意识是什么？用现在的话讲，可以说，意识是心理活动的统一态。一方面"无对色"专靠意识了别他，是意识特别的任务。一方面，前五识所了别的"有对色"也靠意识来整理他、保持他，是意识总揽的任务。初期佛法，仅提纲领，所以泛言意识，后来把意识内容愈剖析愈精细。《成实论》（卷五）说：

> 心、意、识，体一而异名，若法能缘，是名为心。

《顺正理论》（卷十一）说：

> 心、意、识三，体虽是一，而训词等义类有异，谓集起故名心，思量故名意，了别故名识。

《顺正》是小乘著作，虽未立六、七、八识等名目，其义实与后来大乘唯识家相通。集起的心即第八识，思量的意即第七识，了别的识即第六识。

为什么要立出这许多异名，有这许多分析呢？《大智度论》（卷三十六）说：

> 心有二种：一者念念生灭心，二者次第相续心。

又说：

> 前意已灭，云何能生后识？答曰：意有二种：一者念念灭，二者心次第相续。

当时未将识分析立名，所以或名为意，或名为心，其实所指只是一物。我们的心、意、识，有随灭和相续两种状态，是确的。试稍加内省工夫，自然察觉，这两种状态，本来是一件东西的两面。但据粗心或幼稚的哲学家看来，那"念念生灭心"，刹那不停，新陈代谢，容易看出他无常不实，所以公认他是心理上所研究的对象，会给他"意识之流"或其他名目。至于"次第相续心"，他递嬗的变化很微细，不易察见。表面上像是常住的，而且他又能贮藏过去的经验，令他再现，很像总持我身心的一个主宰，像是能有一切、能知一切的主人翁，所以一般人的常识乃至一部分哲学家，多半起"我思故我存"等妄见，认这个为"自我"。据佛法看来，其实不过五蕴中之一蕴。《显扬圣教论》（卷一）引佛说（出《解深密经》）：

阿陀那识甚深细，一切种子如瀑流，我于凡愚不开演，恐彼分别执为我。

阿陀那识即阿赖耶识，亦名第八识，他是次第相续心的集合体，能将刹那生灭心所积经验执持保藏。因为执藏且相续故，常人把他构成自我的观念，其实他与前六识相依相缘，并不能单独存在，所以佛家将他的和诸识通为一聚，名为识蕴。

若要了达识相，非把《唯识》《瑜伽》诸论真真读通不可。我既没有这种学力，只能粗述大概，说识蕴的话止于此。

七

佛说五蕴，不外破除我相，因为常人都妄执五蕴为我。《成实论》（卷十）说：

《韦陀》中说："冥初时，大丈夫神色如日光，若人知此，能度生死，更无余道。小人则小，大人则大，住身窟中。有坐禅入得光明相，见身中神如净珠中缕。"如是等人，计色为我。粗思惟者，说受是我，以木石等中无受故，不知受即是我。中思惟者，说想是我，以苦乐虽过，犹有想我心故。细思惟者，说行为我。……深思惟者，说识为我，是思虽过故，犹有识我心故。

色、受、想、行、识，本是心理活动过程由粗入细的五种记号，常人不察，往往误认他全部或一部是我。最幼稚的思想，以为躯壳中住有个灵魂。如《韦陀》所说："身中神如净珠中缕。"数论派所谓"神我"正指这种境界。中国方士讲的什么"元神出窍"，基督教讲的什么"圣灵复活"，都属此类。其实他们的"身中神"，就佛法看来，不过"法处所摄之无表色"，不过五蕴中之一种事实，认这种色相为我，可笑可怜已极。进一步的，稍为用有些内省工夫认心理过程中之"受、想、行"为我，最高的认"识"为我，所谓"我思故我存"一类见解，内中尤以认"识"为我者最多，如前所引《杂集论》所说："世间有情，多于识蕴计执为我，余蕴计执我所。"就佛法看来，他们指为观察对象之"第一我"（阿赖耶识）与他们认作能观察的主体之"第二我"（末那识）不过时间上差别之同质的精神作用，一经彻底研究，则知一切自我活动，皆"唯识所变"而已。《成实论》（卷十）说：

> 五阴中，我心名为身见，实无我故。说缘五阴，五阴名身，于中生见，名为身见。于无我中而取我相，故名为见。

"身见"两字说得最好。"于无我中而取我相"不过一种错觉，把错觉矫正，才有正觉出来。

何以见得"身见"一定是错觉呢？只要懂得"蕴聚"的意义，便可以证明。《顺正理论》（卷三）说：

> 言聚，离聚所依，无别实有聚体可得。如是言我，色等蕴外，不应别求实有我体，蕴相续中假说我故。如世间聚，我非实有。

"离聚所依，无别实有聚体可得"这句话怎么讲呢？《大智度论》（卷三十六）所引比喻，可以互相发明。他说：

> 诸法性空，但名字，因缘和合故有。如山河、草木、土地、人民、州郡、城邑名之为国，巷里、市陌、庐馆、宫殿名之为都，梁、柱、椽、栋、瓦、竹、壁、石名之为殿。……离是因缘名字则无有法，今除山河、土地因缘名字更无国名，除庐、里、道、陌因缘名字则无都名，除梁、椽、竹瓦因缘名字更无殿名。……

这种道理很易明白。如聚了许多树，不能没有个总名，假定如此如此便名为林。聚了许多兵官兵卒，不能没有个总名，假定如此如此便名为师、为旅。树是林名所依，兵是师旅名所依，离了树和兵，哪里别有林、师旅等实体？五蕴相续的统一状态假名为我，亦复如是。

蕴即是聚，前已说过。然则五聚之无常相、无实体，较然甚明。比如说某外森林，森林虽历久尚存，那组织成林的树已不知多少回新陈代谢，五蕴的相，正复如此，渐次集积，渐次散坏，无一常住。所以《成实论》（卷十）说：

> 是五阴空，如幻如炎，相续生故。

《杂阿毗昙心论》（卷二）亦说：

> 一切有为法，生住及异灭，展转更相为。

所谓人生，所谓宇宙，只是事情和事情的交互，状态和状态的衔接，随生随住，随变随灭，随灭复随生，便是五蕴皆空的道理，也便是无我的道理。

然则佛家讲无我有什么好处呢？主意不外教人脱离无常、苦恼的生活状态，归到清净、轻安的生活状态。无常是不安定、不确实的意思，自然常常惹起苦恼。清净是纯粹真理的代名，佛家以为必须超越无常，才算合理生活，合理便是清净。《随相论》（卷下）说：

> 有生有灭，故名无常。有为法有生灭故，不得是常。生即是有，灭即是无，先有后无，故是无常。生何故非常生，灭何故非常灭，而言生灭是无常耶？解言：生坏于灭，故灭非常。灭复坏生，故生亦无常。相违性故名苦，五阴是苦聚，恒违逆众生心令其受苦。……所以恒违逆众生心者，由所缘境界非真实故，违逆生苦。

我们因为不明白五蕴皆空的道理，误认五蕴相续的状态为我，于是生出我见。因我见便有我痴、我慢，我痴、我慢的结果，不惟伤害人，而且令自己生无限苦恼。其实这全不是合理的生活，因为"他所缘境界非常真实，违逆众生心"。人类沉迷于这种生活，闹到内界精神生活不能统一，长在交战混乱的状态中，所以如此者，全由不明真理，佛家叫他"无明"。我们如何才能脱离这种无明状态呢？要靠智慧去胜他，最关键的一句话是"转识成智"。怎么才转识为智呢？用佛家所设的方法，虚心努力研究这种高深精密心理学，便是最妙法门。

我很惭愧我学力浅薄，不知道所讲对不对，我热心盼望诸君和海内佛学大家指教匡正。

《诸家论唯识》中的作者都不是以研究唯识学为其学术主业，也正因此，可见得唯识学的理论吸引力，亦可为研究这些作者的思想提供来自唯识学的维度。

1. 大儒王夫之的《相宗络索》最难能可贵，因为明清时期唯识学的经典已极少流通，而王夫之在资料极其匮乏的情况下，还能如此系统地组织起这个唯识学大纲性的著作。本书共29个词条，我们依王恩洋的《内容提要》将这29个词条分为8类，给出每一类的主题（章名）；词条名后括号内的数字，乃王夫之原书的编排顺序。

2. 缪凤林，学衡派代表人物之一。《唯识今释》一文，最大的特色就是全文都是在与西方近代哲学的比较中来组织唯识的学说体系。

3. 废名"欢喜赞叹于大乘佛教成立阿赖耶识的教义"，自述作《阿赖耶识论》之故有二："为儒者讲阿赖耶识"；"看了《新唯识论》诚不能不讲阿赖耶识"。

4. 分别收章太炎的《申唯识宗义》和梁启超的《佛教心理学浅测》。

崇文书局·我思图书

唯识学丛书

徐梵澄系列著作
尼采自传（德译汉）
薄伽梵歌（梵译汉）
玄理参同（英译汉并疏释）
陆王学述（简体本）
老子臆解（繁体横排本）
薄伽梵歌（印度版影印）
孙波：徐梵澄传（修订版）

经典维新丛书
熊十力：新唯识论（批评本）
马一浮：泰和宜山会语 法数钩玄
汤用彤：汤用彤讲西方哲学
胡　适：说儒
国学到底是什么
阳明心学得失论

禅解儒道丛书
憨山大师：老子道德经解
憨山大师：庄子内篇注
蕅益大师：四书蕅益解
蕅益大师：周易禅解
马一浮：老子注
章太炎：齐物论释
杨仁山：经典发隐
欧阳竟无：孔学杂者

太古丛书
谭嗣同：揭乡愿与大盗——仁学
梁启超：国民自新之路——新民说
章太炎：学问与革命——章太炎文选
鲁　迅：解剖我自己——坟 热风